Parabéns! A Coleção Akpalô tem um conteúdo digital completo e exclusivo esperando por você!

Para utilizar todos os recursos digitais da coleção, acesse o portal:
www.editoradobrasil.com.br/akpalo

Cadastre-se no portal e aproveite o conteúdo exclusivo!

1º - **Entre em Acesso ao conteúdo restrito**, clique em Cadastre-se e escolha a opção Aluno.

2º - **Digite o código de acesso**:

3957141A7530894

Você pode digitar todos os códigos que tiver! 😉

3º - **Preencha o cadastro** com suas informações.

Viu como é fácil? Acesse e transforme seus estudos em uma experiência única de aprendizado.

Denise Bigaiski
Lilian Sourient

Palavra de origem africana que significa "contador de histórias, aquele que guarda e transmite a memória do seu povo".

AKPALÔ
Ciências

Dados Internacionais de Catalogação na Publicação (CIP)
(Câmara Brasileira do Livro, SP, Brasil)

Bigaiski, Denise
 Akpalô ciências, 1º ano / Denise Bigaiski, Lilian Sourient. – 2. ed. –
São Paulo : Editora do Brasil, 2015. – (Coleção akpalô)

 ISBN 978-85-10-06082-0 (aluno)
 ISBN 978-85-10-06083-7 (professor)

 1. Ciências (Ensino fundamental) I. Sourient, Lilian. II. Título. III. Série.

15-06906   CDD-372.35

Índices para catálogo sistemático:
1. Ciências : Ensino fundamental 372.35

© Editora do Brasil S.A., 2015
Todos os direitos reservados

Direção geral: Vicente Tortamano Avanso
Direção adjunta: Maria Lucia Kerr Cavalcante de Queiroz

Direção editorial: Cibele Mendes Curto Santos
Gerência editorial: Felipe Ramos Poletti
Supervisão editorial: Erika Caldin
Supervisão de arte, editoração e produção digital: Adelaide Carolina Cerutti
Supervisão de direitos autorais: Marilisa Bertolone Mendes
Supervisão de controle de processos editoriais: Marta Dias Portero
Supervisão de revisão: Dora Helena Feres
Consultoria de iconografia: Tempo Composto Col. de Dados Ltda.

Coordenação de edição: Angela Sillos
Coordenação pedagógica: Josiane Sanson
Edição: Eduardo Passos, Nathalia C. Folli Simões e Sabrina Nishidomi
Assistência editorial: Érika Maria de Jesus, Mateus Carneiro Ribeiro Alves e Renato Macedo de Almeida
Auxílio editorial: Ana Caroline Mendonça
Coordenação de revisão: Otacilio Palareti
Copidesque: Ricardo Liberal e Gisélia Costa
Revisão: Maria Alice Gonçalves e Elaine Fares
Coordenação de iconografia: Léo Burgos
Pesquisa iconográfica: Adriana Abrão, Denise Sales e Joanna Helizskowski
Coordenação de arte: Maria Aparecida Alves
Assistência de arte: Carla Del Matto
Design gráfico: Estúdio Sintonia
Capa: Maria Aparecida Alves
Imagem de capa: Rosinha
Ilustrações: Camila Hortêncio, DAE (Departamento de Arte e Editoração), Dawidson França, Eduardo Belmiro, Erik Malagrino, Flip Estúdio, João P. Mazzoco, Jótah, Leonardo Conceição, Marco Cortez, Marcos de Mello, Paulo César Pereira, Paulo José, Reinaldo Vignatti e Zubartez
Coordenação de editoração eletrônica: Abdonildo José de Lima Santos
Editoração eletrônica: N-Publicações
Licenciamentos de textos: Cinthya Utiyama, Paula Harue Tozaki e Renata Garbellini
Coordenação de produção CPE: Leila P. Jungstedt
Controle de processos editoriais: Beatriz Villanueva, Bruna Alves, Carlos Nunes e Rafael Machado

2ª edição / 2ª impressão, 2017
Impresso na São Francisco Gráfica e Editora

Rua Conselheiro Nébias, 887 – São Paulo/SP – CEP 01203-001
Fone: (11) 3226-0211 – Fax: (11) 3222-5583
www.editoradobrasil.com.br

Querido aluno,

O que há no Universo e como ele surgiu? Como posso cuidar da natureza? Quantos tipos de animais existem? De que modo as plantas se reproduzem? Como funciona o corpo humano? O que é energia?

Aprender Ciências torna-se muito mais prazeroso quando a investigamos e a colocamos em prática, ou seja, quando "fazemos" ciência. Quem não gosta de investigar situações-problemas para solucioná-las? Por isso, esteja atento a tudo que o cerca, faça perguntas, formule hipóteses, realize experimentos, seja criativo, tenha espírito crítico.

Todos nós construímos a ciência! Participe dos trabalhos em equipe, opine, discuta ideias sempre ouvindo e respeitando a opinião de todos. Contribua para seu aprendizado e o dos colegas.

Desejamos que você se torne o protagonista do próprio aprendizado e esteja certo de suas decisões. Sua atuação pode fazer diferença.

Aproveite bem este ano!

Um grande abraço!

As autoras

Conheça as autoras

Denise Bigaiski
- Licenciada em Ciências Biológicas
- Pós-graduada em Magistério Superior
- Professora do Ensino Fundamental

Lilian Sourient
- Bacharel e licenciada em Ciências Sociais
- Professora do Ensino Fundamental

Conheça seu livro

Baú de informações: traz textos informativos que aprofundam e complementam o conteúdo.

Diálogo inicial: apresenta o tema do capítulo e algumas questões. Ao respondê-las, você se lembrará de coisas que já sabe e são importantes para iniciar o estudo do tema.

Brincar e aprender: atividade descontraída e contextualizada com o capítulo, que revisa ou aprofunda o conteúdo de forma lúdica.

Na prática – Experimento: você fará experimentos seguindo procedimentos (passos) como observação, construção de modelo, interpretação de fatos e conclusão.

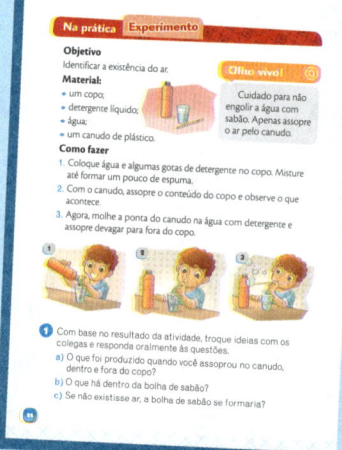

Olho vivo!: Apresentada no formato de lembrete, traz orientações específicas, dicas ou sugestões, e chama a atenção para aspectos importantes do que está sendo abordado.

Atividades: é o momento de refletir sobre o conhecimento adquirido e fixá-lo. Em vários momentos você encontrará atividades interdisciplinares, isto é, que trabalham assuntos de duas ou mais disciplinas.

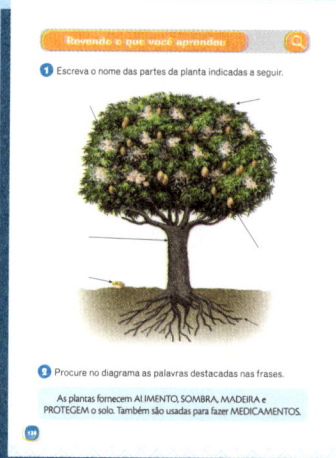

Revendo o que você aprendeu: por meio das atividades de revisão, você retomará os conteúdos explorados no capítulo, assimilando melhor o que estudou.

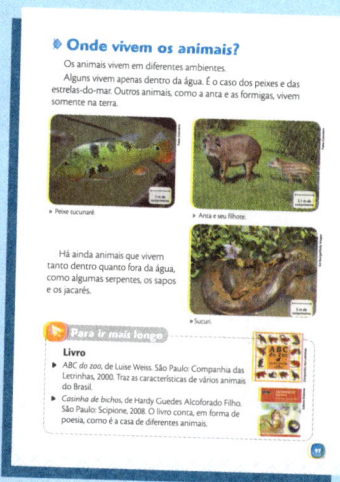

Para ir mais longe: gostou do assunto estudado e quer saber ainda mais? Aqui há dicas de livros, filmes e *sites* que poderão enriquecer seu repertório.

Atividades para casa: no final do livro, você encontra atividades de todos os capítulos para fazer em casa, facilitando assim o estudo.

Um pouco mais sobre: textos, músicas, poemas e outros gêneros artísticos apresentam curiosidades sobre o tema estudado.

Na prática: são atividades dinâmicas e agradáveis – você irá desenhar, recortar, colar, além de pesquisar e conversar com pessoas sobre diversos assuntos.

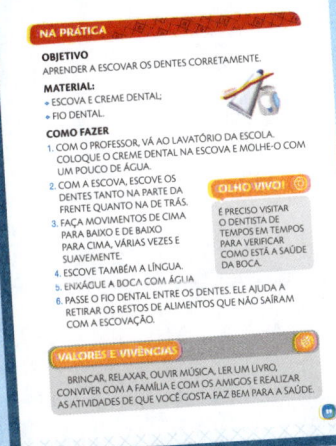

Valores e vivências: textos sobre saúde, meio ambiente, ética, formação cidadã, consumo etc. Você saberá mais sobre a maneira de cada um ser, ver, fazer e entender as diferentes situações do dia a dia.

Sumário

Capítulo 1 ▹ Eu e meu corpo 10
Como é meu corpo? 11
Outras partes do corpo 13
Como percebemos o ambiente 17

Capítulo 2 ▹ Eu me cuido 26
Cuidados com o corpo 27
Criança segura 32

Capítulo 3 ▹ Alimentação 40
De onde vêm os alimentos? 41
Alimentos de origem vegetal 41
Alimentos de origem animal 41
Alimentos de origem mineral 42
Alimentos industrializados 42
Maneiras de consumir os alimentos 44
Um bom cardápio 48

Capítulo 4 ▹ O mundo em que vivemos 56
Planeta Terra 57
Diferentes ambientes 60
Mantendo o ambiente limpo 64
Para onde vai o lixo 66

Capítulo 5 ▹ Água, ar e solo 74
Importância da água 75
Preservação da água 79
Importância do ar 81
Preservação do ar 84
Importância do solo 86
Preservação do solo 88

Capítulo 6 ≫ Os animais e suas características **92**
Animais de todo jeito 93
Onde vivem os animais? 97
O que os animais comem? 99
Locomoção dos animais 101

Capítulo 7 ≫ Um pouco mais sobre os animais **108**
Nascimento e desenvolvimento dos animais 109
Importância dos animais 113
Preservando os animais 116

Capítulo 8 ≫ Conhecendo algumas plantas **122**
As plantas e suas partes 123
Como as plantas nascem e se desenvolvem? 127
Importância das plantas 130
Preservando o verde 134

Atividades para casa **140**

Encartes **151**

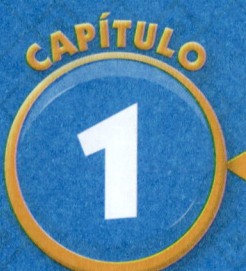

CAPÍTULO 1

EU E MEU CORPO

OBSERVE A IMAGEM A SEGUIR E RESPONDA ÀS QUESTÕES.

Fernando Favoretto

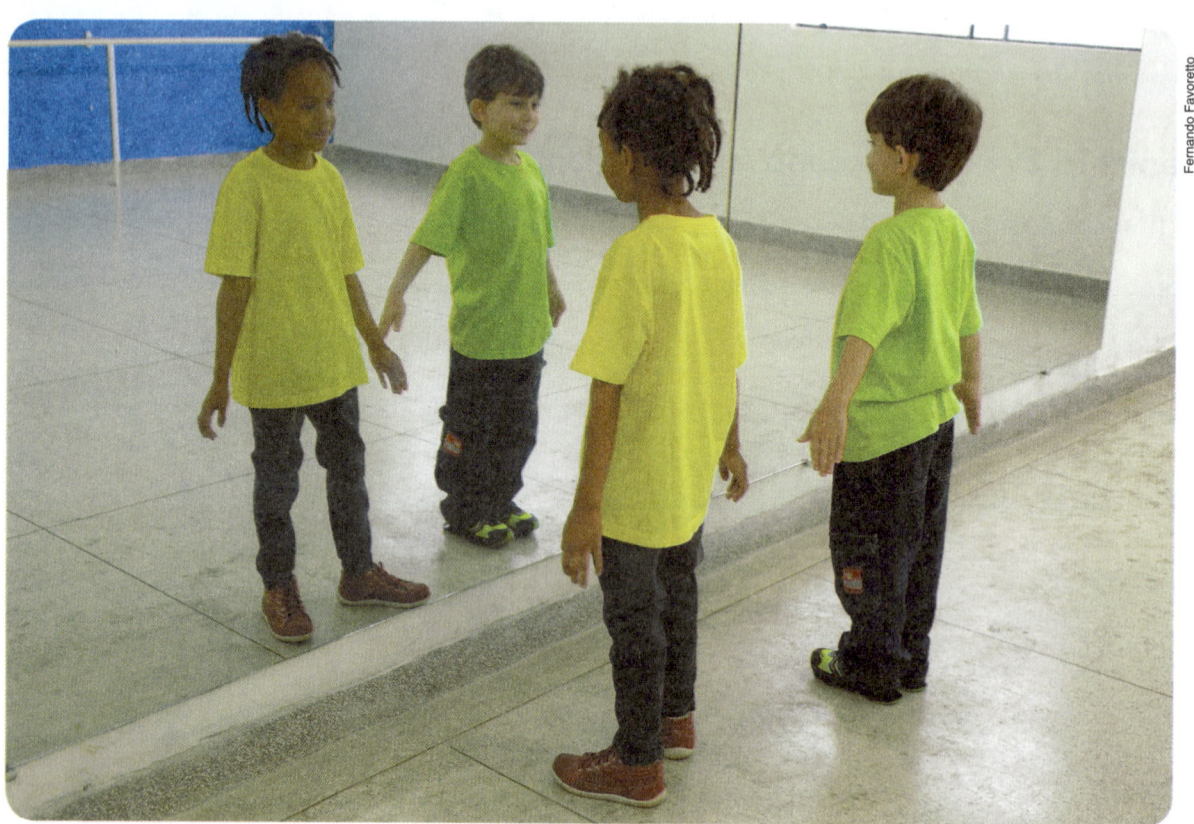

DIÁLOGO INICIAL

1. O QUE AS CRIANÇAS ESTÃO VENDO NO ESPELHO?
2. VOCÊ JÁ SE OLHOU NO ESPELHO?
3. O SEU CORPO É PARECIDO COM O DAS CRIANÇAS DA FOTOGRAFIA? POR QUÊ?

COMO É MEU CORPO?

OBSERVE ESTAS DUAS CRIANÇAS. O QUE ELAS TÊM DE PARECIDO?

AS PESSOAS TÊM VÁRIAS CARACTERÍSTICAS QUE AS DEIXAM PARECIDAS UMAS COM AS OUTRAS. ELAS TÊM DOIS OLHOS, DUAS ORELHAS, UM NARIZ E UMA BOCA. TÊM TAMBÉM CABEÇA, TRONCO (DIVIDIDO EM TÓRAX E ABDOME), MEMBROS SUPERIORES (BRAÇOS) E MEMBROS INFERIORES (PERNAS).

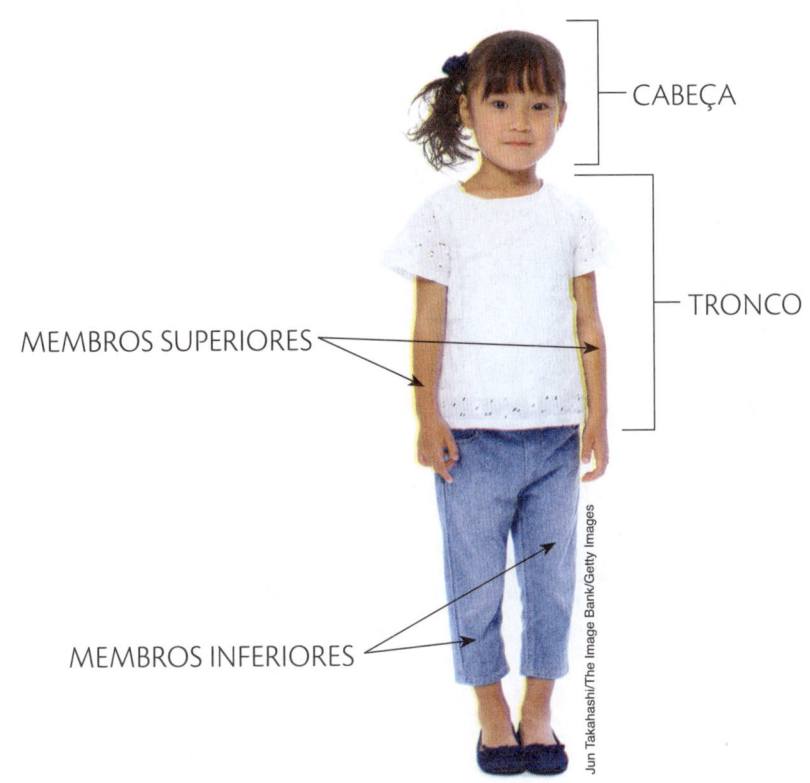

ATIVIDADE

1 RECORTE AS PARTES DO BONECO QUE ESTÃO NA PÁGINA 151 E COLE-AS NO ESPAÇO A SEGUIR. DEPOIS RECORTE E COLE CADA LEGENDA AO LADO DA PARTE DO CORPO À QUAL ELA SE REFERE.

◈ OUTRAS PARTES DO CORPO

VOCÊ VIU QUE O CORPO TEM MEMBROS SUPERIORES, CHAMADOS BRAÇOS, E MEMBROS INFERIORES, CHAMADOS PERNAS.

ALÉM DOS BRAÇOS E DAS PERNAS, NOSSO CORPO TEM MÃOS E PÉS. EM AMBOS HÁ DEDOS.

TEMOS TAMBÉM COTOVELOS, E COM ELES PODEMOS FAZER ALGUNS MOVIMENTOS COM OS BRAÇOS. JÁ COM OS JOELHOS, MOVIMENTAMOS AS PERNAS.

1. MÃOS E DEDOS
2. COTOVELO
3. PÉ E DEDOS
4. JOELHO

BAÚ DE INFORMAÇÕES

DEDOS DA MÃO

OS DEDOS DA MÃO TÊM DENOMINAÇÕES PRÓPRIAS. VAMOS CONHECÊ-LAS?

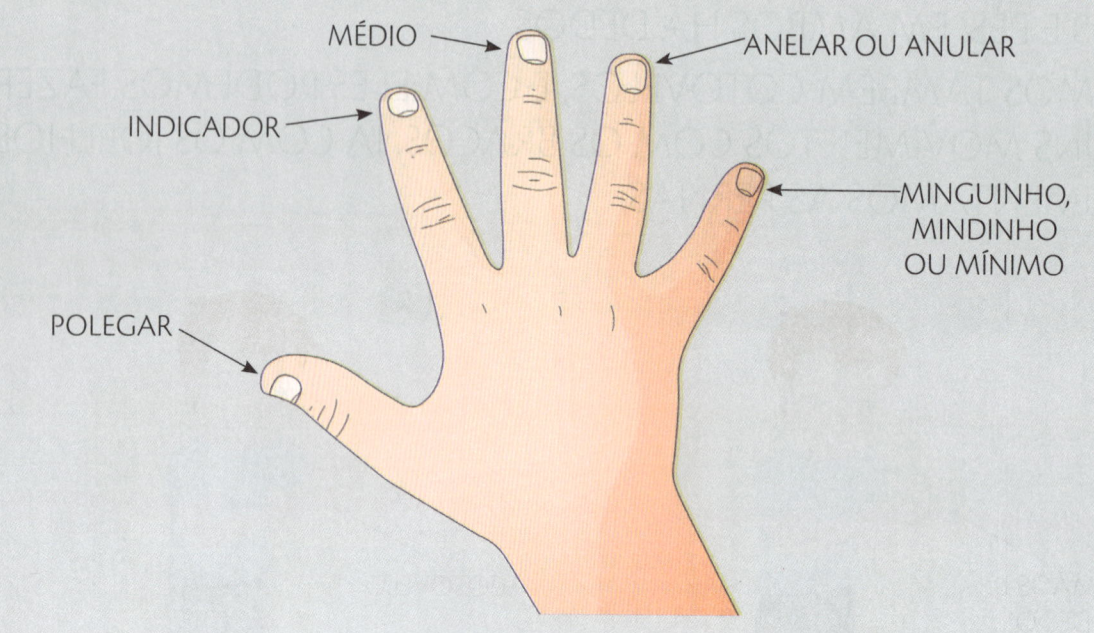

PARA IR MAIS LONGE

SITES

- *CABEÇA, OMBRO, JOELHO E PÉ.* <www.smartkids.com.br/jogos-educativos/corpo-humano-cabeca-ombro-joelho-e-pe.html>.
  JOGO SOBRE AS PARTES DO CORPO HUMANO.
- *CORPO HUMANO.* <www.escolagames.com.br/jogos/corpohumano>.
  JOGO NO QUAL É POSSÍVEL IDENTIFICAR AS DIFERENTES PARTES DO CORPO HUMANO E, POSTERIORMENTE, USÁ-LAS EM UMA DIVERTIDA PARTIDA DE BIRIBOL.
- *O JOGO DO CORPO.* <www.nossoclubinho.com.br/jogo-educativo-corpo-humano>.
  ESSE JOGO SERVE PARA RELACIONAR AS DIFERENTES PARTES DO CORPO HUMANO A SEUS NOMES CORRETOS.

ATIVIDADES

1 ANDRÉ ESTAVA ANDANDO DE BICICLETA E MACHUCOU OS COTOVELOS E OS JOELHOS. DESENHE UM CURATIVO NESSAS PARTES DO CORPO DELE E DEPOIS PINTE O DESENHO.

2 ASSINALE A ALTERNATIVA CORRETA.

A) O COTOVELO FICA:
- ◦ ☐ NOS MEMBROS SUPERIORES.
- ◦ ☐ NOS MEMBROS INFERIORES.

B) O JOELHO FICA:
- ◦ ☐ NOS MEMBROS SUPERIORES.
- ◦ ☐ NOS MEMBROS INFERIORES.

3 CONTORNE SUA MÃO NO ESPAÇO ABAIXO E DESENHE SUAS UNHAS. DEPOIS, CONVERSE COM O PROFESSOR E, ORALMENTE, IDENTIFIQUE OS DEDOS: O POLEGAR, O INDICADOR, O MÉDIO, O ANULAR E O MÍNIMO.

COMO PERCEBEMOS O AMBIENTE

COM OS SENTIDOS PERCEBEMOS OS AMBIENTES QUE ESTÃO A NOSSA VOLTA. OBSERVE NA IMAGEM A SEGUIR COMO BRUNO USOU SEUS SENTIDOS.

QUANDO ELE CHEGOU À CASA DA AVÓ, VIU QUE ELA ESTAVA NA COZINHA E A OUVIU CANTANDO. LOGO ELE SOUBE TAMBÉM QUE ELA ESTAVA FAZENDO UM BOLO, POIS SENTIU O CHEIRINHO DO BOLO E FICOU COM ÁGUA NA BOCA.

BRUNO UTILIZOU TRÊS SENTIDOS: VISÃO, AUDIÇÃO E OLFATO. ALÉM DESSES SENTIDOS, TEMOS MAIS DOIS: GUSTAÇÃO E TATO.

OS OLHOS, AS ORELHAS, O NARIZ, A LÍNGUA E A PELE SÃO OS ÓRGÃOS DOS SENTIDOS.

ENXERGAMOS O MUNDO AO REDOR COM O SENTIDO DA **VISÃO**. COM ELE, PERCEBEMOS AS CORES, AS FORMAS E OS MOVIMENTOS.

OUVIMOS OS MAIS DIVERSOS SONS COM O SENTIDO DA **AUDIÇÃO**.

NÓS PERCEBEMOS PELO TOQUE SE ALGUMA COISA É MOLE OU DURA, LISA OU ÁSPERA, QUENTE OU FRIA. COM A PELE, QUE COBRE TODO O NOSSO CORPO, PODEMOS SENTIR TUDO ISSO. ELA É O ÓRGÃO DO **TATO**.

O **OLFATO** É O SENTIDO QUE NOS PERMITE PERCEBER CHEIROS. O NARIZ É O ÓRGÃO DO OLFATO.

É COM O SENTIDO DA **GUSTAÇÃO**, OU **PALADAR**, QUE PERCEBEMOS DIFERENTES GOSTOS: DOCE, AMARGO, AZEDO E SALGADO. A LÍNGUA É O PRINCIPAL ÓRGÃO DA GUSTAÇÃO.

OLFATO E GUSTAÇÃO SÃO SENTIDOS QUE AGEM JUNTOS E NOS PERMITEM PERCEBER OS SABORES.

ATIVIDADES

1 CIRCULE AS PALAVRAS COM O NOME DOS SENTIDOS.

> VISÃO   ALIMENTAÇÃO   AUDIÇÃO
> MOVIMENTAÇÃO   OLFATO   GUSTAÇÃO   TATO

2 CIRCULE O ÓRGÃO DO OLFATO. FAÇA UM **X** NO ÓRGÃO DA GUSTAÇÃO.

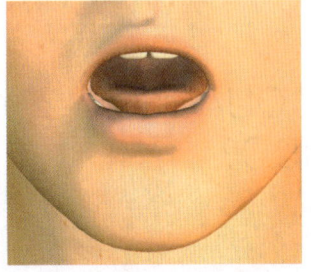 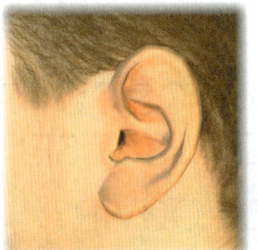 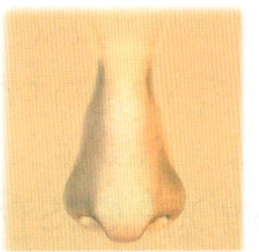 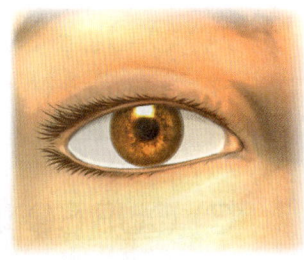

3 PINTE DE VERMELHO OS ⬜ QUE INDICAM O QUE VOCÊ PODE PERCEBER COM O SENTIDO DA AUDIÇÃO E DE AZUL OS QUE VOCÊ PODE PERCEBER PELA VISÃO.

A) ⬜ CANTO DAS AVES.
B) ⬜ COR DA PAREDE.
C) ⬜ FORMA DE UMA CASA.
D) ⬜ BARULHO DO CARRO.

4 FAÇA UM **X** NO NOME DO SENTIDO COM O QUAL PERCEBEMOS SE ALGUMA COISA É MOLE OU DURA, QUENTE OU FRIA.

A) VISÃO

B) OLFATO

C) AUDIÇÃO

D) TATO

5 OBSERVE A ILUSTRAÇÃO E RESPONDA ORALMENTE ÀS QUESTÕES.

A) O QUE DEIXA A PERSONAGEM FELIZ?

B) COM QUAL SENTIDO PODEMOS OUVIR E QUAL É O ÓRGÃO RESPONSÁVEL POR ESSE SENTIDO?

C) QUE SONS VOCÊ GOSTA DE OUVIR?

D) QUE SONS VOCÊ NÃO GOSTA DE OUVIR?

PARA IR MAIS LONGE

LIVRO

▶ *OS CINCO SENTIDOS*, DE ADÈLE CIBOUL. SÃO PAULO: SALAMANDRA, 2003.

O LIVRO ABORDA OS CINCO SENTIDOS E MOSTRA COMO ELES NOS PERMITEM PERCEBER O MUNDO.

BRINCAR E APRENDER

1 AJUDE O MENINO A CHEGAR EM CASA PASSANDO SOMENTE ONDE HÁ CHEIROS AGRADÁVEIS.

UM POUCO MAIS SOBRE...

ÀS VEZES, UMA PESSOA SOFRE UM ACIDENTE E PERDE ALGUM MEMBRO DO CORPO. OU ALGUÉM PODE NASCER SEM UM BRAÇO OU SEM UMA PERNA. ESSAS PESSOAS SE ADAPTAM AOS DIFERENTES LUGARES E ATIVIDADES E FAZEM SUAS TAREFAS DIÁRIAS COMO TODAS AS OUTRAS: VÃO À ESCOLA, AO TRABALHO, PRATICAM ESPORTES ETC. LEIA O TEXTO A SEGUIR, DE JAIRO MARQUES, E VEJA COMO É POSSÍVEL, IMPORTANTE E BEM LEGAL INCLUIR TODOS EM NOSSAS BRINCADEIRAS.

O MENINO "CADEIRANTINHO"

DESDE QUANDO EU ERA MOLEQUINHO, FAZ TEEEEMPO, ANDO MONTADO EM UMA CADEIRA DE RODAS PARA IR DAQUI PARA ACOLÁ. MAS SER UM MENINO "CADEIRANTINHO" NUNCA ME IMPEDIU DE BRINCAR E DE AGITAR AS BRINCADEIRAS DA MINHA TURMA. [...]

NO FUTEBOL, FUI GOLEIRO E TÉCNICO DO TIME. NO ESCONDE-ESCONDE EU TINHA

Marcelo Justo/Folhapress

A VANTAGEM DE TER MAIS TEMPO PARA SUMIR. É JUSTO, VAI!

NO *VIDEO GAME*, EU NÃO PRECISAVA DE REGRA ESPECIAL, SÓ DE MAIS ESPAÇO NA SALA MESMO.

TODOS PODEM E QUEREM SE DIVERTIR NA INFÂNCIA, E SEMPRE HÁ UM JEITO PARA QUE ATÉ AQUELE COLEGA MAIS DESARRANJADO, TODO TORTINHO, CONSIGA BRINCAR JUNTO, ENSINAR SUA MANEIRA DE JOGAR, DE SE SEGURAR NO BALANÇO, DE VIRAR FIGURINHA NO "BAFO" [...] BASTA USAR A IMAGINAÇÃO, ABRIR BEM OS BRAÇOS E DAR UM SORRISO DE "SEJA BEM-VINDO".

JAIRO MARQUES. O MENINO "CADEIRANTINHO". *FOLHA DE S.PAULO*, 24 NOV. 2012. FOLHAPRESS.

1 PARA QUE PESSOAS COMO JAIRO POSSAM SE LOCOMOVER SÃO NECESSÁRIAS ADAPTAÇÕES NO AMBIENTE. EM SUA ESCOLA EXISTEM ESSAS ADAPTAÇÕES? ONDE SÃO ENCONTRADAS E QUAIS SÃO?

2 O QUE É NECESSÁRIO PARA UMA PESSOA QUE USE CADEIRA DE RODAS EMBARCAR EM UM ÔNIBUS?

PARA IR MAIS LONGE

LIVRO

▶ *COCORICÓ: UM AMIGO ESPECIAL*, DE WALKÍRIA DE FELICE. SÃO PAULO: MELHORAMENTOS, 2006. CONHEÇA MAURO, UM GAROTO CEGO AMIGO DE JÚLIO, QUE MESMO SEM ENXERGAR CONSEGUE LER, ESCREVER, CONTAR HISTÓRIAS E PARTICIPAR DE VÁRIAS BRINCADEIRAS.

REVENDO O QUE VOCÊ APRENDEU

1) OBSERVE ATENTAMENTE A IMAGEM A SEGUIR E PREENCHA OS ESPAÇOS INDICADOS COM O NOME DAS PRINCIPAIS PARTES DO CORPO HUMANO.

2) CUBRA O TRACEJADO PARA FORMAR O NOME DO PRINCIPAL ÓRGÃO DE CADA SENTIDO.

A) VISÃO: OLHOS

B) AUDIÇÃO: ORELHAS

C) OLFATO: NARIZ

D) GUSTAÇÃO: LÍNGUA

E) TATO: PELE

3 LIGUE AS FOTOGRAFIAS À DESCRIÇÃO DA MANEIRA COMO AS CRIANÇAS ESTÃO PERCEBENDO O MUNDO.

A)

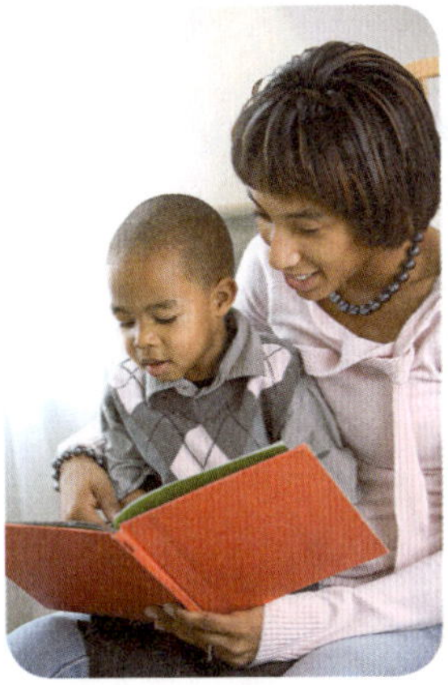

Age Fotostock/Imageplus

B)

Eastphoto/Getty Images

C)

Serhiy Kobyakov/Shutterstock

D)

Age Fotostock/Imageplus

E)

Josef Muellek/Dreamstime.com

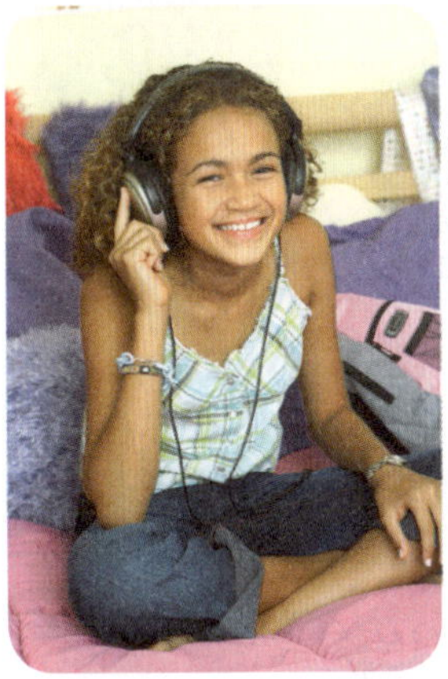

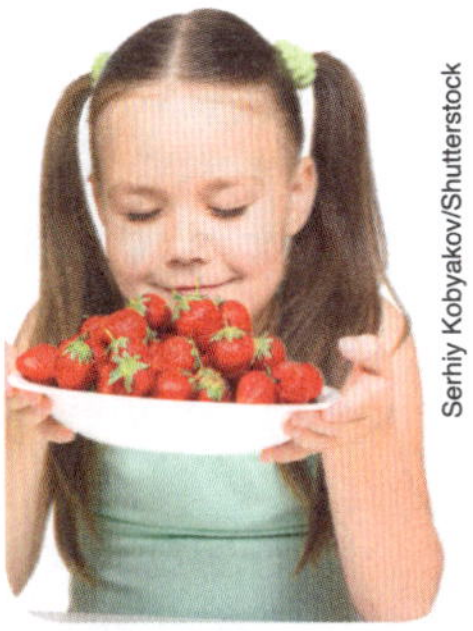

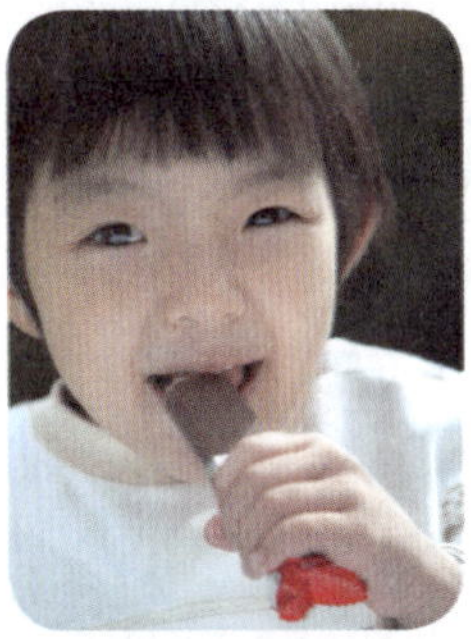

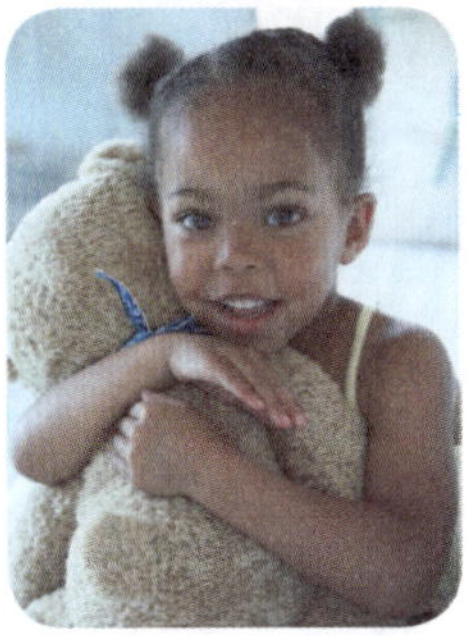

- SENTINDO CHEIRO
- SENTINDO GOSTO
- TOCANDO
- VENDO
- OUVINDO

4 LIGUE O NOME À PARTE DO CORPO.

A)

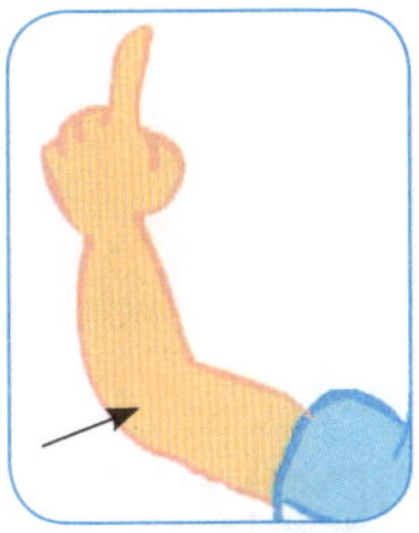

B)

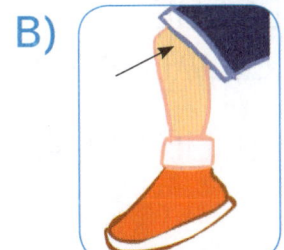

- JOELHO
- COTOVELO

CAPÍTULO 2 — EU ME CUIDO

OBSERVE A HISTÓRIA A SEGUIR E RESPONDA ÀS QUESTÕES.

DEPOIS DE UMA BOA NOITE DE SONO, TOME SEU CAFÉ E VAMOS ATÉ O POSTO DE SAÚDE, POIS HOJE É DIA DE VACINAÇÃO.

ASSIM QUE CHEGAR EM CASA VOU LAVAR MINHAS MÃOS E BRINCAR.

DIÁLOGO INICIAL

1. COM BASE NA LEITURA DA HISTÓRIA, PODEMOS PERCEBER QUE O MENINO SE CUIDA E RECEBE CUIDADOS DA MÃE. QUAIS SÃO ESSES CUIDADOS?

2. VOCÊ TAMBÉM CUIDA DE SUA SAÚDE E SEGURANÇA? QUAIS ATITUDES ADOTA PARA ISSO?

CUIDADOS COM O CORPO

PRECISAMOS CUIDAR DE NOSSO CORPO E ADOTAR **HÁBITOS** SAUDÁVEIS PARA TERMOS SAÚDE.

> **VOCABULÁRIO**
>
> **HÁBITO:** AQUILO QUE FAZEMOS SEMPRE.

▶ O SONO É IMPORTANTE PARA MANTERMOS A SAÚDE. AS CRIANÇAS DEVEM IR CEDO PARA A CAMA E DORMIR NO MÍNIMO OITO HORAS POR DIA.

▶ PRATICAR EXERCÍCIOS FÍSICOS FAZ BEM PARA A SAÚDE. ELES MELHORAM A RESPIRAÇÃO E DEIXAM OS MÚSCULOS MAIS FIRMES, AJUDANDO O CORAÇÃO A FUNCIONAR BEM.

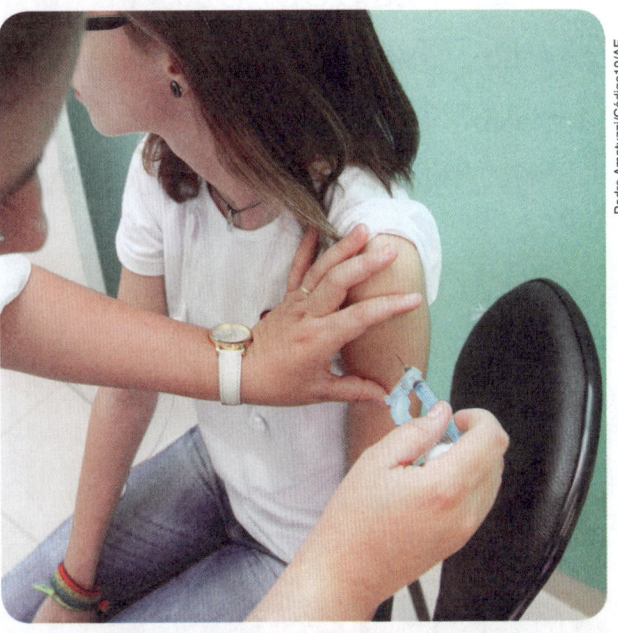

▶ AS VACINAS NOS PROTEGEM DE VÁRIAS DOENÇAS. DEVEMOS FICAR ATENTOS AO CALENDÁRIO DE VACINAÇÃO E CONTAR COM A AJUDA DE UM ADULTO PARA TOMAR AS VACINAS ADEQUADAS E NA ÉPOCA CERTA.

A HIGIENE É OUTRA ATITUDE IMPORTANTE QUE DEVEMOS TER PARA CUIDAR DO CORPO. LEIA ALGUNS HÁBITOS DE HIGIENE.

- TOMAR BANHO DIARIAMENTE.
- LAVAR FRUTAS ANTES DE COMÊ-LAS, E SEMPRE QUE POSSÍVEL COMER TAMBÉM A CASCA.
- LAVAR AS MÃOS ANTES DAS REFEIÇÕES, APÓS USAR O BANHEIRO E AO CHEGAR EM CASA.
- USAR ÁLCOOL GEL NAS MÃOS DEPOIS DE LAVÁ-LAS, SEMPRE QUE POSSÍVEL.
- ESCOVAR OS DENTES APÓS AS REFEIÇÕES.
- MANTER AS UNHAS SEMPRE LIMPAS E CORTADAS.
- MANTER OS CABELOS LIMPOS E PENTEADOS.

▶ ALIMENTAÇÃO ADEQUADA, COM FRUTAS, VERDURAS, OVOS, CARNES E LEITE, FAZ BEM PARA A SAÚDE. É IMPORTANTE LAVAR FRUTAS E VERDURAS ANTES DE COMÊ-LAS.

▶ MENINO PASSA ÁLCOOL GEL NAS MÃOS.

▶ MENINA ESCOVA OS DENTES.

NA PRÁTICA

OBJETIVO
APRENDER A ESCOVAR OS DENTES CORRETAMENTE.

MATERIAL:
- ESCOVA E CREME DENTAL;
- FIO DENTAL.

COMO FAZER
1. COM O PROFESSOR, VÁ AO LAVATÓRIO DA ESCOLA. COLOQUE O CREME DENTAL NA ESCOVA E MOLHE-O COM UM POUCO DE ÁGUA.
2. COM A ESCOVA, ESCOVE OS DENTES TANTO NA PARTE DA FRENTE QUANTO NA DE TRÁS.
3. FAÇA MOVIMENTOS DE CIMA PARA BAIXO E DE BAIXO PARA CIMA, VÁRIAS VEZES E SUAVEMENTE.
4. ESCOVE TAMBÉM A LÍNGUA.
5. ENXÁGUE A BOCA COM ÁGUA.
6. PASSE O FIO DENTAL ENTRE OS DENTES. ELE AJUDA A RETIRAR OS RESTOS DE ALIMENTOS QUE NÃO SAÍRAM COM A ESCOVAÇÃO.

OLHO VIVO!
É PRECISO VISITAR O DENTISTA DE TEMPOS EM TEMPOS PARA VERIFICAR COMO ESTÁ A SAÚDE DA BOCA.

VALORES E VIVÊNCIAS

BRINCAR, RELAXAR, OUVIR MÚSICA, LER UM LIVRO, CONVIVER COM A FAMÍLIA E COM OS AMIGOS E REALIZAR AS ATIVIDADES DE QUE VOCÊ GOSTA FAZ BEM PARA A SAÚDE.

ATIVIDADES

1 NA IMAGEM A SEGUIR HÁ 5 OBJETOS USADOS PARA PRATICAR ATIVIDADES FÍSICAS. CIRCULE TODOS ELES.

2 MARQUE COM UM **X** QUAL É A PRÁTICA MAIS ADEQUADA PARA DESCANSAR O NOSSO CORPO DEPOIS DE UM DIA CHEIO DE ATIVIDADES.

A)   B)   C)

3 PINTE AS ILUSTRAÇÕES QUE INDICAM HÁBITOS DE HIGIENE.

CRIANÇA SEGURA

VEJA OUTRAS ATITUDES QUE DEVEMOS ADOTAR PARA CUIDAR DO NOSSO CORPO E PREVENIR ACIDENTES.

◆ EM CASA

▶ QUANDO QUISER ALGO QUE ESTEJA EM LOCAL QUE VOCÊ NÃO ALCANCE, PEÇA A UM ADULTO QUE PEGUE PARA VOCÊ.

▶ FIQUE LONGE DE FOGÃO QUE ESTEJA SENDO USADO. APENAS ADULTOS DEVEM UTILIZAR ESSE ELETRODOMÉSTICO.

◆ NA RUA

▶ ANDE SEMPRE NA CALÇADA E NO LADO MAIS DISTANTE DO MOVIMENTO DOS VEÍCULOS.

▶ AO ATRAVESSAR A RUA, OLHE SEMPRE PARA OS DOIS LADOS. LEMBRE-SE: CRIANÇA COM MENOS DE 10 ANOS NÃO DEVE ATRAVESSAR A RUA SOZINHA.

◆ NAS BRINCADEIRAS

▶ ANDAR DE BICICLETA OU *SKATE* É MUITO LEGAL, MAS UM TOMBO PODE MACHUCAR. PREVINA-SE CONTRA OS FERIMENTOS USANDO CAPACETE, PROTEÇÃO NOS JOELHOS E COTOVELOS E CALÇADOS ADEQUADOS E FECHADOS.

▶ NUNCA COLOQUE NA BOCA OBJETOS PEQUENOS OU PLANTAS QUE VOCÊ NÃO CONHECE. MUITAS PLANTAS PODEM CAUSAR PROBLEMAS DE SAÚDE.

◆ NO TRÂNSITO

▶ NO CARRO, LUGAR DE CRIANÇA É NO BANCO TRASEIRO, USANDO OS EQUIPAMENTOS CORRETOS DE SEGURANÇA PARA CADA IDADE.

- OUTROS CUIDADOS

▶ EM LOCAIS COM MUITAS PESSOAS, FIQUE SEMPRE PERTO DOS ADULTOS QUE ESTÃO COM VOCÊ. CASO SE PERCA, FIQUE PARADO NO LUGAR E PEÇA AJUDA A UM POLICIAL. SABER O NOME E O TELEFONE DOS ADULTOS QUE ESTÃO COM VOCÊ É MUITO IMPORTANTE.

▶ NÃO ACEITE DOCES OU PRESENTES DE PESSOAS QUE VOCÊ NÃO CONHECE E NUNCA ACOMPANHE UM DESCONHECIDO OU ENTRE NO CARRO DELE.

PARA IR MAIS LONGE

▶ *O LIVRO DAS EMERGÊNCIAS*, DE ALINE ANGELI. SÃO PAULO: ÁTICA, 2005.

UMA MENINA ENSINA QUAIS CUIDADOS AS CRIANÇAS DEVEM TER PARA PREVENIR ACIDENTES.

ATIVIDADE

1 PARA PREVENIR ACIDENTES, AS CRIANÇAS NÃO DEVEM USAR ALGUNS OBJETOS. PARA SABER QUAIS SÃO ESSES OBJETOS, VEJA OS DESENHOS E DEPOIS CUBRA OS TRACEJADOS COM UM LÁPIS.

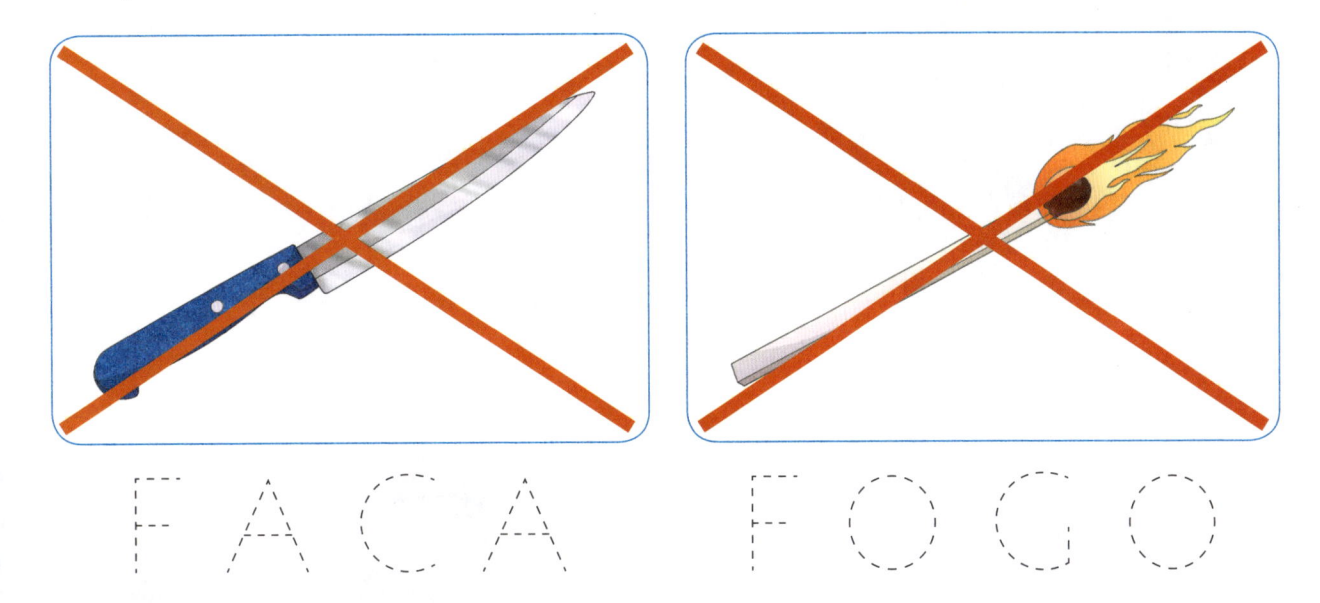

F A C A   F O G O

BRINCAR E APRENDER

1 REÚNA-SE COM UM COLEGA PARA BRINCAR COM O JOGO DA PÁGINA SEGUINTE. PROVIDENCIEM UM DADO E UMA BOLINHA DE PAPEL COM COR DIFERENTE PARA CADA JOGADOR.

UM DE VOCÊS COMEÇA O JOGO LANÇANDO O DADO E ANDANDO O NÚMERO DE CASAS QUE SAIU.

SE ENCONTRAR A SETA VERMELHA, VEJA NO DESTAQUE EM FORMA DE ESTRELA O NÚMERO DE CASAS QUE DEVE VOLTAR.

GANHA O JOGO QUEM PERCORRER PRIMEIRO O CAMINHO TODO DE FORMA MAIS SEGURA E CUIDADOSA.

INÍCIO

5 6 7 8 9 3
13 12 11 6
20 21 FINAL

→ ATITUDE CERTA.
→ ATITUDE ERRADA.

REVENDO O QUE VOCÊ APRENDEU

1 PINTE OS QUADRADINHOS QUE MOSTRAM CUIDADOS QUE DEVEMOS TER COM O CORPO.

A) ☐ REALIZAR ATIVIDADE FÍSICA.

B) ☐ DORMIR POUCAS HORAS.

C) ☐ CUIDAR BEM DOS DENTES.

D) ☐ COMER ALIMENTOS SAUDÁVEIS.

E) ☐ LAVAR AS MÃOS ANTES DE COMER.

F) ☐ TOMAR BANHO UMA VEZ POR SEMANA.

G) ☐ MANTER AS UNHAS CURTAS E LIMPAS.

2 LIGUE O OBJETO À PALAVRA QUE INDICA A PARTE DO CORPO EM QUE ELE É USADO PARA A HIGIENE.

A) Sabonete

B) CREME DENTAL

C) XAMPU

DENTES

CABELO

CORPO

3 PARA PREVENIR CERTAS DOENÇAS PODEMOS CONTAR COM UMA AJUDA MUITO IMPORTANTE. PINTE OS ESPAÇOS MARCADOS COM A COR CORRESPONDENTE AO NÚMERO E DESCUBRA QUAL É ESSA AJUDA. DEPOIS, CONTE PARA O PROFESSOR O QUE DESCOBRIU.

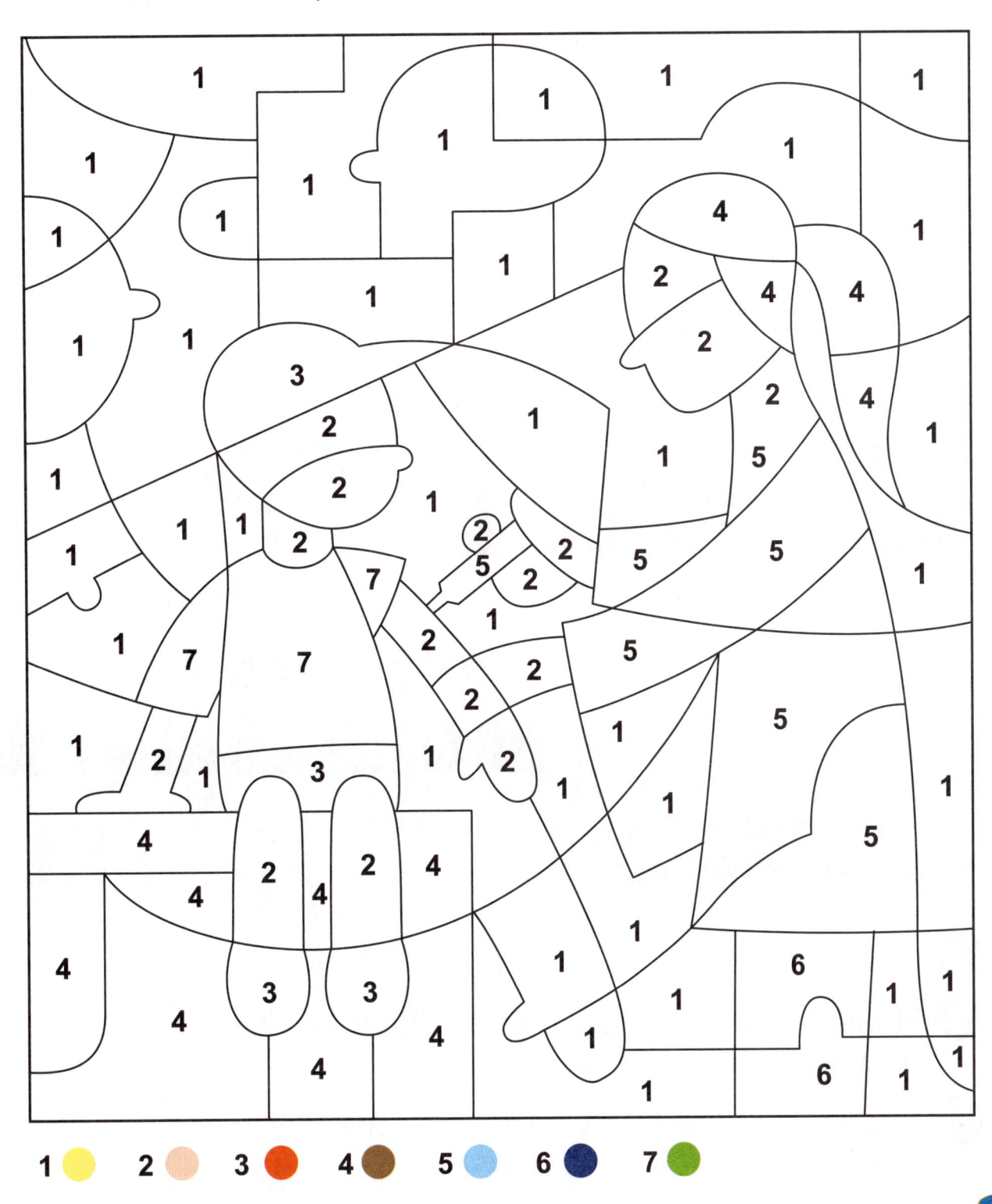

1 🟡 2 🟠 3 🔴 4 🟤 5 🔵 6 🔷 7 🟢

CAPÍTULO 3
ALIMENTAÇÃO

OBSERVE OS ALIMENTOS DAS SITUAÇÕES A SEGUIR.

1

HUM, QUANTA COISA GOSTOSA!

2

DIÁLOGO INICIAL

1. QUE ALIMENTOS VOCÊ VÊ NAS ILUSTRAÇÕES?

2. EM SUA OPINIÃO, QUAL DOS PERSONAGENS TEM A ALIMENTAÇÃO MAIS SAUDÁVEL?

3. VOCÊ COME ALIMENTOS DE DIVERSOS TIPOS? DE QUAIS ALIMENTOS VOCÊ GOSTA MAIS?

DE ONDE VÊM OS ALIMENTOS?

OS ALIMENTOS TÊM ORIGEM, PRINCIPALMENTE, NAS PLANTAS E NOS ANIMAIS.

ALIMENTOS DE ORIGEM VEGETAL

AS FRUTAS, COMO UVA E MAÇÃ, E AS VERDURAS, COMO ALFACE E COUVE, SÃO ALIMENTOS DE **ORIGEM VEGETAL**.

▶ AS FRUTAS, AS SALADAS E OS CEREAIS, COMO O MILHO, SÃO DE ORIGEM VEGETAL.

ALIMENTOS DE ORIGEM ANIMAL

AS CARNES, O LEITE E OS OVOS SE ORIGINAM DOS ANIMAIS. POR ISSO, SÃO CONSIDERADOS ALIMENTOS DE **ORIGEM ANIMAL**.

▶ OVOS, CARNES E LEITE SÃO PRODUTOS OBTIDOS DE DIFERENTES ANIMAIS.

ALIMENTOS DE ORIGEM MINERAL

HÁ TAMBÉM ALGUNS ALIMENTOS QUE VÊM DA NATUREZA, MAS NÃO TÊM ORIGEM VEGETAL NEM ANIMAL. SÃO ALIMENTOS DE **ORIGEM MINERAL**, COMO O SAL E A ÁGUA.

▶ A ÁGUA É OBTIDA EM RIOS, LAGOS E FONTES SUBTERRÂNEAS.

▶ O SAL DE COZINHA É EXTRAÍDO PRINCIPALMENTE DO MAR.

ALIMENTOS INDUSTRIALIZADOS

MUITOS ALIMENTOS QUE COMEMOS SÃO INDUSTRIALIZADOS, OU SEJA, PASSARAM POR TRANSFORMAÇÕES NAS INDÚSTRIAS. ELES SÃO PRODUZIDOS COM BASE EM UM OU MAIS ALIMENTOS QUE VIERAM DA NATUREZA.

OBSERVE ALGUNS EXEMPLOS DE PRODUTOS NATURAIS UTILIZADOS PARA A FABRICAÇÃO DE ITENS INDUSTRIALIZADOS.

▶ OS GRÃOS DO MILHO SÃO MOÍDOS PARA PRODUZIR O FUBÁ.

▶ AS SEMENTES QUE SE ENCONTRAM DENTRO DOS FRUTOS DO CAFEEIRO SÃO UTILIZADAS NA PRODUÇÃO DO CAFÉ EM PÓ.

▶ DOS GRÃOS DE SOJA É EXTRAÍDO O ÓLEO DE SOJA.

▶ OS GRÃOS DO TRIGO SÃO MOÍDOS NA PRODUÇÃO DA FARINHA DE TRIGO.

MANEIRAS DE CONSUMIR OS ALIMENTOS

ALGUNS ALIMENTOS PODEM SER COMIDOS CRUS E OUTROS PRECISAM SER COZIDOS OU ASSADOS ANTES DE OS CONSUMIRMOS.

▸ AS FRUTAS SÃO EXEMPLOS DE ALIMENTOS QUE PODEM SER CONSUMIDOS CRUS.

ATIVIDADES

1 COM A AJUDA DAS DICAS, DESCUBRA QUAL É O ALIMENTO E ESCREVA SE SUA ORIGEM É ANIMAL, VEGETAL OU MINERAL. DEPOIS, DESENHE ESSES ALIMENTOS.

A) SOU FECHADO COMO UMA CASINHA, MAS SEM PORTA E SEM JANELA. POSSO SER PREPARADO DE MUITAS FORMAS.

- NOME: _____
- ORIGEM: _____

B) É GOSTOSA, MAS NÃO TEM GOSTO; É BONITA, MAS NÃO TEM COR.

- NOME: _____
- ORIGEM: _____

C) TEM NO POMAR E NA SUA CAMISETA. COMEÇA COM **M** E ACABA COM **A**.

- NOME: _____
- ORIGEM: _____

2 PINTE OS ESPAÇOS MARCADOS COM AS CORES DA LEGENDA E DESCUBRA ALGUNS ALIMENTOS. DEPOIS, RESPONDA ÀS QUESTÕES.

* **VERMELHO**   + **AMARELO**   # **VERDE**   " **LARANJA**

A) OS ALIMENTOS QUE VOCÊ DESCOBRIU SÃO DE ORIGEM:
- ☐ ANIMAL
- ☐ VEGETAL

B) ESCOLHA UM DOS ALIMENTOS QUE VOCÊ DESCOBRIU. AGORA ESCREVA O NOME DELE COM A AJUDA DO PROFESSOR.

_____

3 RECORTE AS IMAGENS DOS ALIMENTOS DA PÁGINA 153. DEPOIS, COLE-AS NO ESPAÇO A SEGUIR.

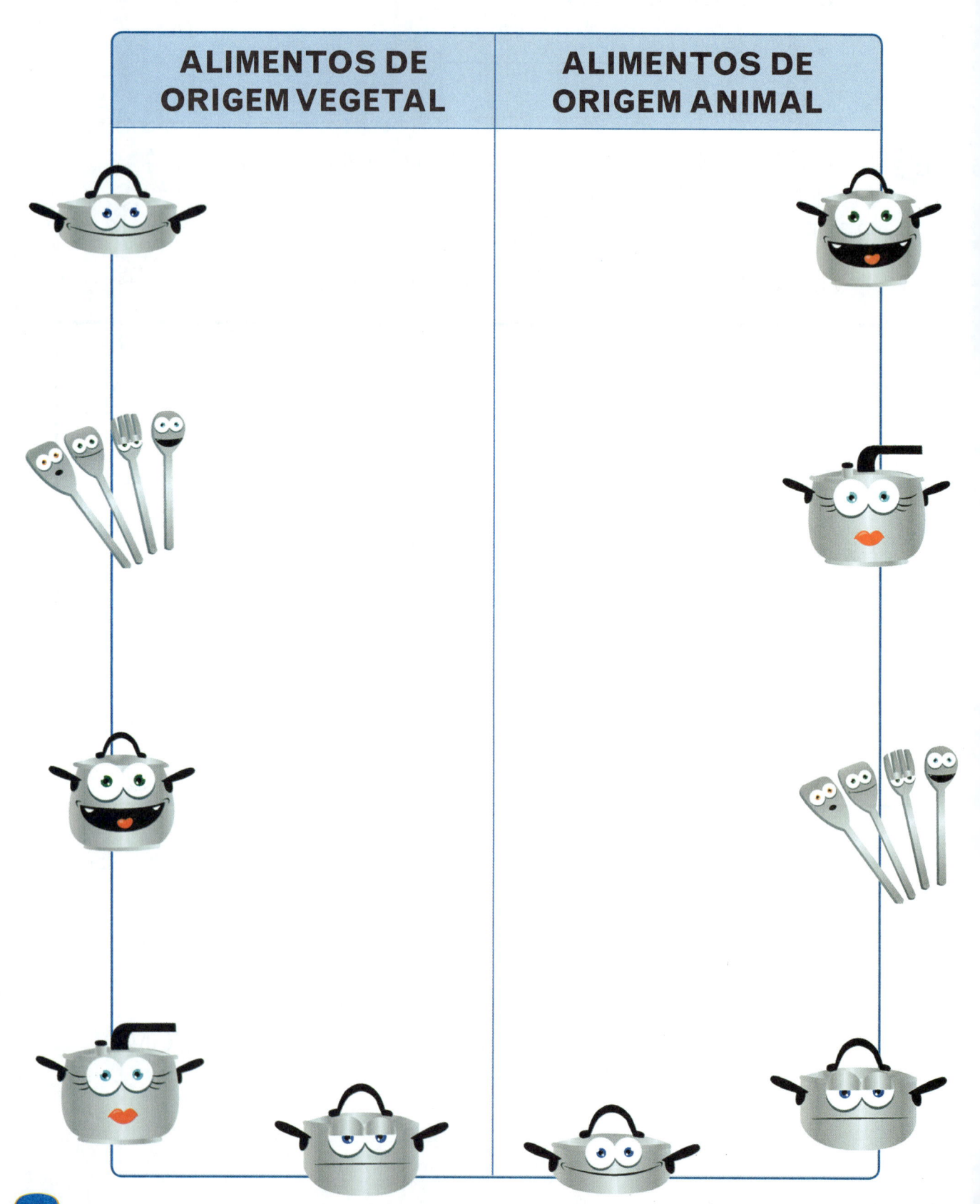

ALIMENTOS DE ORIGEM VEGETAL	ALIMENTOS DE ORIGEM ANIMAL

BRINCAR E APRENDER

1 DESCUBRA O CAMINHO QUE LIGA O ALIMENTO NATURAL AO ALIMENTO INDUSTRIALIZADO CORRESPONDENTE. USE UMA COR DIFERENTE PARA CADA CAMINHO.

UM BOM CARDÁPIO

OS ALIMENTOS QUE CONSUMIMOS ESTÃO RELACIONADOS AO LUGAR ONDE VIVEMOS E TAMBÉM AOS COSTUMES DE NOSSA FAMÍLIA.

OBSERVE AS IMAGENS. ELAS MOSTRAM DIFERENTES PRATOS CULINÁRIOS.

▶ AS FAMÍLIAS INDÍGENAS HABITAM O BRASIL HÁ MUITO TEMPO. ELAS SE ALIMENTAM DE PEIXES, DA CAÇA E DE MUITAS PLANTAS, COMO A MANDIOCA.

▶ OS ALIMENTOS PREFERIDOS DAS FAMÍLIAS JAPONESAS TRADICIONAIS SÃO VERDURAS, ARROZ E FRUTOS DO MAR.

▶ O CARDÁPIO TÍPICO DA BAHIA TEM ACARAJÉ, VATAPÁ, FRUTOS DO MAR E CARNE DE SOL.

▶ NO RIO GRANDE DO SUL É COMUM O USO DE MUITA CARNE NA ALIMENTAÇÃO.

UMA ALIMENTAÇÃO SAUDÁVEL DEVE SER VARIADA E INCLUIR LEITE, OVOS, VERDURAS, LEGUMES, CEREAIS, CARNES E FRUTAS.

É IMPORTANTE TAMBÉM COMER EM QUANTIDADE SUFICIENTE E FAZER TRÊS REFEIÇÕES – CAFÉ DA MANHÃ, ALMOÇO E JANTAR – E DOIS LANCHES SAUDÁVEIS POR DIA.

VALORES E VIVÊNCIAS

FRITURA EM EXCESSO E GULOSEIMAS, COMO BALAS, PIRULITOS E DOCES, SÃO ALIMENTOS QUE DEVEM SER EVITADOS, POIS SEU CONSUMO EXAGERADO PREJUDICA A SAÚDE E CAUSA AUMENTO DE PESO.

PARA IR MAIS LONGE

LIVROS

- *AMANDA NO PAÍS DAS VITAMINAS*, DE LEONARDO MENDES CARDOSO. SÃO PAULO: EDITORA DO BRASIL, 1998.

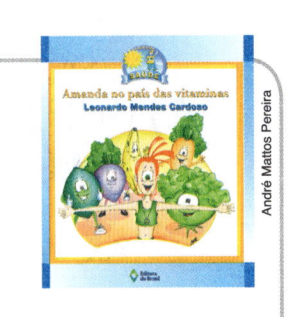

  HISTÓRIA DE UMA MENINA QUE NÃO GOSTAVA DE COMER FRUTAS E LEGUMES. ELA ADORAVA GULOSEIMAS EMPACOTADAS, COM CORANTE E GORDURA, E SUA SAÚDE ERA MUITO RUIM. ATÉ QUE UM DIA ELA CAIU NA GAVETA DA GELADEIRA E ACABOU DESCOBRINDO O VALOR NUTRITIVO DAS VITAMINAS.

- *VERDURA? NÃO! – APRENDENDO SOBRE NUTRIÇÃO*, DE CLAIRE LLEWELLYN. SÃO PAULO: SCIPIONE, 2012.

  CONTA A HISTÓRIA DE UMA MENINA COM PÉSSIMOS HÁBITOS ALIMENTARES QUE DESCOBRE, COM A AJUDA DE UMA AMIGA, A IMPORTÂNCIA DE TER UMA ALIMENTAÇÃO SAUDÁVEL.

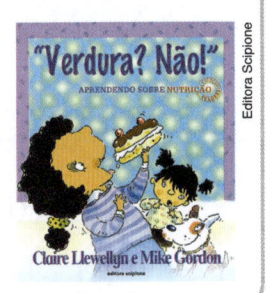

ATIVIDADES

1 PINTE OS ☐ MARCANDO AS REFEIÇÕES QUE VOCÊ FAZ TODOS OS DIAS.

A) ☐ CAFÉ DA MANHÃ.   D) ☐ ALMOÇO.

B) ☐ LANCHE DA MANHÃ.   E) ☐ LANCHE DA TARDE.

C) ☐ JANTAR.

2 ASSINALE COM UM **X** O ☐ QUE INDICA COM QUE FREQUÊNCIA VOCÊ CONSOME OS ALIMENTOS A SEGUIR.

A) FRUTAS:
- ☐ SEMPRE   • ☐ ÀS VEZES   • ☐ NUNCA

B) VERDURAS E LEGUMES:
- ☐ SEMPRE   • ☐ ÀS VEZES   • ☐ NUNCA

C) GULOSEIMAS, COMO BALAS, PIRULITOS E SALGADINHOS:
- ☐ SEMPRE   • ☐ ÀS VEZES   • ☐ NUNCA

D) ARROZ E FEIJÃO:
- ☐ SEMPRE   • ☐ ÀS VEZES   • ☐ NUNCA

E) CARNE:
- ☐ SEMPRE   • ☐ ÀS VEZES   • ☐ NUNCA

F) LEITE, IOGURTE E QUEIJOS:
- ☐ SEMPRE   • ☐ ÀS VEZES   • ☐ NUNCA

G) REFRIGERANTE:
- ☐ SEMPRE   • ☐ ÀS VEZES   • ☐ NUNCA

OBSERVE OS RESULTADOS E RESPONDA ORALMENTE:

- VOCÊ SE ALIMENTA DE MODO SAUDÁVEL?
- A ALIMENTAÇÃO DA TURMA É SAUDÁVEL?
- ESSA ALIMENTAÇÃO PODERIA SER MELHORADA? COMO?
- QUE ALIMENTOS DEVERIAM SER MAIS CONSUMIDOS?
- QUE ALIMENTOS DEVERIAM SER EVITADOS?

3 OBSERVE AS IMAGENS COM DIFERENTES TIPOS DE ALIMENTAÇÃO. MARQUE UM **X** NAQUELA QUE MOSTRA OS ALIMENTOS MAIS SAUDÁVEIS PARA UMA REFEIÇÃO COMPLETA (ALMOÇO OU JANTAR).

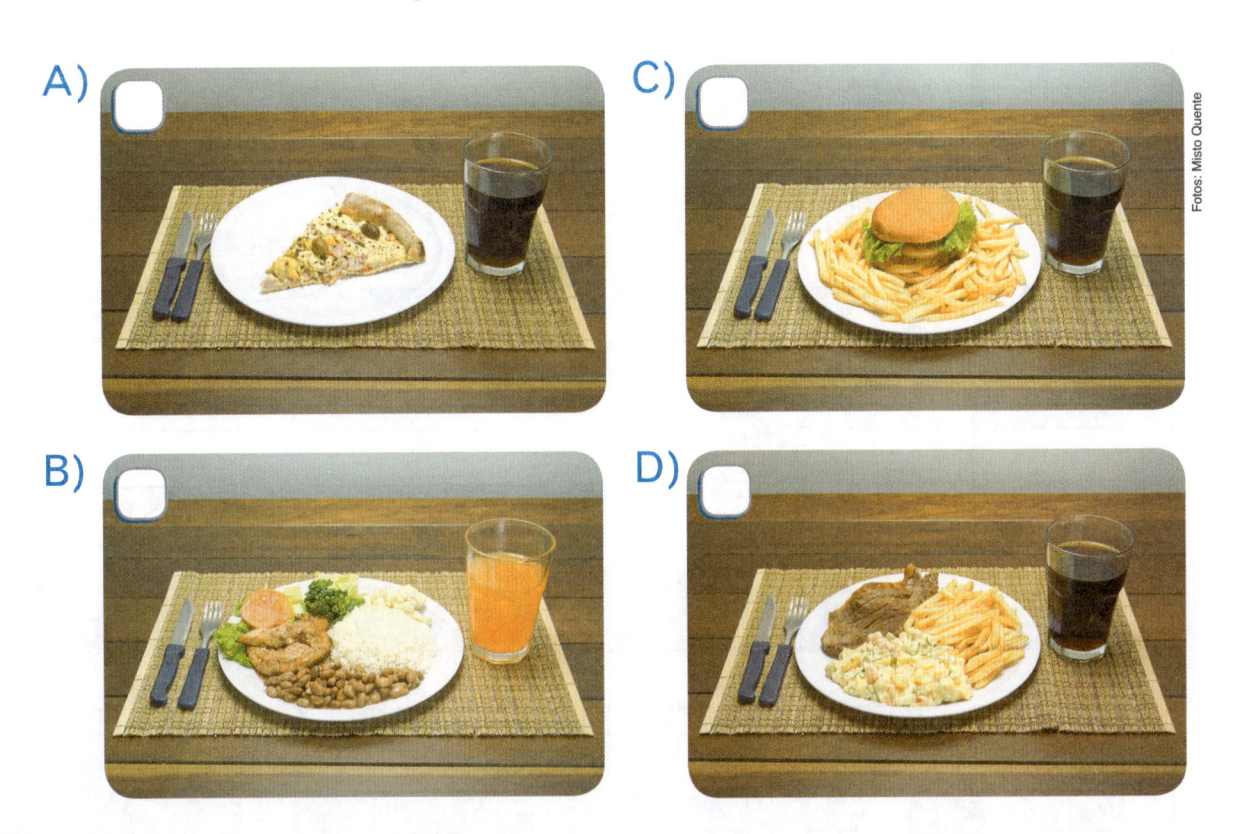

A)

B)

C)

D)

Fotos: Misto Quente

4 COMENTE COM O PROFESSOR POR QUE OS DEMAIS ALIMENTOS DA ATIVIDADE ANTERIOR NÃO DEVEM SER CONSUMIDOS NAS REFEIÇÕES PRINCIPAIS DIÁRIAS.

BRINCAR E APRENDER

1 AJUDE O MENINO A PREPARAR O PRATO PARA ALMOÇAR. PASSE SOMENTE PELO CAMINHO EM QUE HÁ ALIMENTOS SAUDÁVEIS.

UM POUCO MAIS SOBRE...

É MUITO IMPORTANTE NOS ALIMENTARMOS DE FORMA CORRETA. MUITAS HISTÓRIAS EM QUADRINHOS E POESIAS INCLUSIVE ABORDAM ESSE TEMA, COMO O POEMA A SEGUIR.

COME, COME, COME TUDO!
NA HORTA DO SEU ZEQUINHA
TEM VERDURA BEM FRESQUINHA
ELE ACORDA BEM CEDINHO
E REGA TUDO... TUDINHO [...]
POR ISSO, MEUS AMIGUINHOS
QUE ESTÃO LENDO ESTES VERSINHOS
QUANDO ENCONTRAR UM ESPINAFRE
NÃO FAÇA CARETA... É GAFE!
COMA SEMPRE SALADA
QUE DE RUIM, NÃO TEM NADA
AS FOLHAS BEM TENRINHAS
SÃO DELICIOSAS FRESQUINHAS
UMA ALIMENTAÇÃO SAUDÁVEL
É ALGO ADMIRÁVEL
FARÁ VOCÊ CRESCER FORTÃO
IGUAL O PIMENTÃO!
COME, COME, COME TUDO...!

ANGELA BRETAS. DISPONÍVEL EM: <WWW.BLOCOSONLINE.COM.BR/LITERATURA/POESIA/PINF/PINF0076.HTM>. ACESSO EM: 28 JUL. 2015.

1 QUAIS VERDURAS VOCÊ COME?

REVENDO O QUE VOCÊ APRENDEU

1 PINTE OS ⬜ USANDO **VERDE** PARA ALIMENTO DE ORIGEM VEGETAL E **VERMELHO** PARA ALIMENTO DE ORIGEM ANIMAL.

A) ⬜ BANANA

B) ⬜ OVOS

C) ⬜ PEIXE

D) ⬜ TOMATE

2 DESENHE UM ALIMENTO NATURAL E UM ALIMENTO INDUSTRIALIZADO.

3 FAÇA UM **X** NO GRUPO DE ALIMENTOS QUE DEVEMOS EVITAR.

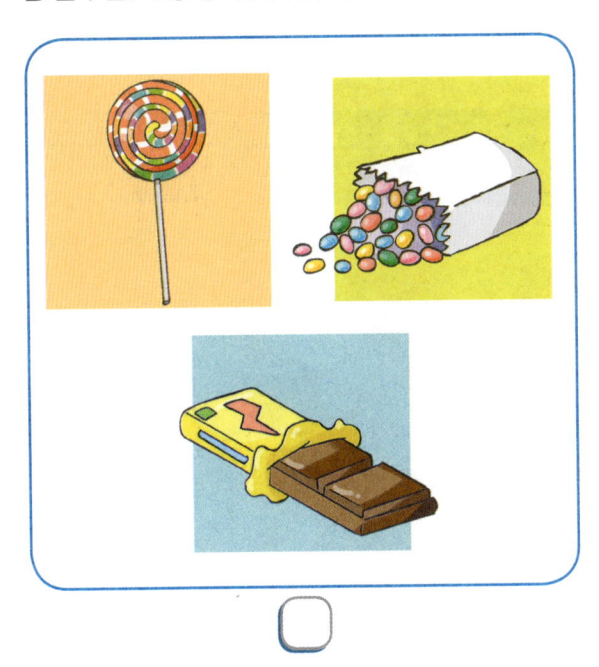

☐   ☐

4 LEIA A TIRA A SEGUIR E DEPOIS FAÇA O QUE SE PEDE.

A) RESPONDA: O QUE A PERSONAGEM QUER SABER?

_____

_____

B) DEPOIS DO QUE VOCÊ APRENDEU SOBRE ALIMENTAÇÃO SAUDÁVEL, FAÇA UM CARDÁPIO PARA O ALMOÇO. NO CADERNO, DESENHE OU COLE GRAVURAS DOS ALIMENTOS QUE FARÃO PARTE DESSA REFEIÇÃO.

CAPÍTULO 4
O MUNDO EM QUE VIVEMOS

DIÁLOGO INICIAL

1. O QUE A ILUSTRAÇÃO MOSTRA?
2. NO PLANETA TERRA HÁ MUITOS SERES VIVOS. O QUE É IMPORTANTE PARA MANTER A VIDA NA TERRA?
3. POR QUE DEVEMOS CUIDAR BEM DE NOSSO PLANETA?

PLANETA TERRA

VIVEMOS NO PLANETA TERRA. ELE É MUITO BONITO E TEM FORMA ARREDONDADA.

▶ VEJA COMO É NOSSO PLANETA VISTO DO ESPAÇO.

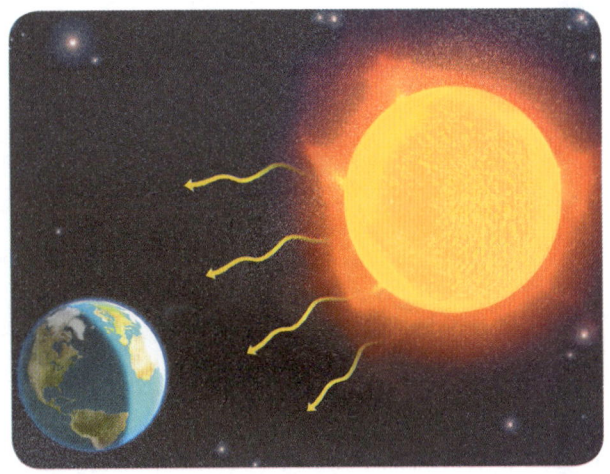

▶ A TERRA GIRA EM TORNO DO SOL. ELA RECEBE LUZ E CALOR DELE. ISSO PERMITE A EXISTÊNCIA DE VIDA EM NOSSO PLANETA.

OS TAMANHOS DOS ASTROS NÃO CORRESPONDEM À REALIDADE.

▶ A LUA GIRA AO REDOR DA TERRA. PODEMOS VER A LUA QUANDO OLHAMOS PARA O CÉU, PRINCIPALMENTE À NOITE.

PARA IR MAIS LONGE

LIVRO

▶ *O ESPAÇO*, DE MARIE KOLACZEK. SÃO PAULO: SALAMANDRA, 2003.
QUESTÕES ILUSTRADAS RELACIONADAS AO UNIVERSO E SEUS ASTROS.

ATIVIDADES

1 COMPLETE A CRUZADINHA.

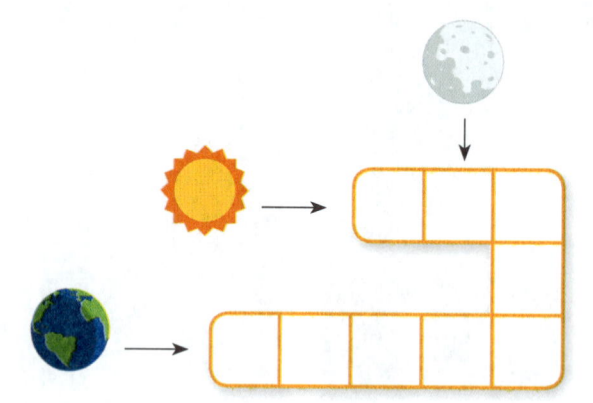

2 OBSERVE OS DESENHOS E PINTE:
A) O SOL DE **AMARELO**;
B) A TERRA DE **AZUL**;
C) A LUA DE **CINZA**;

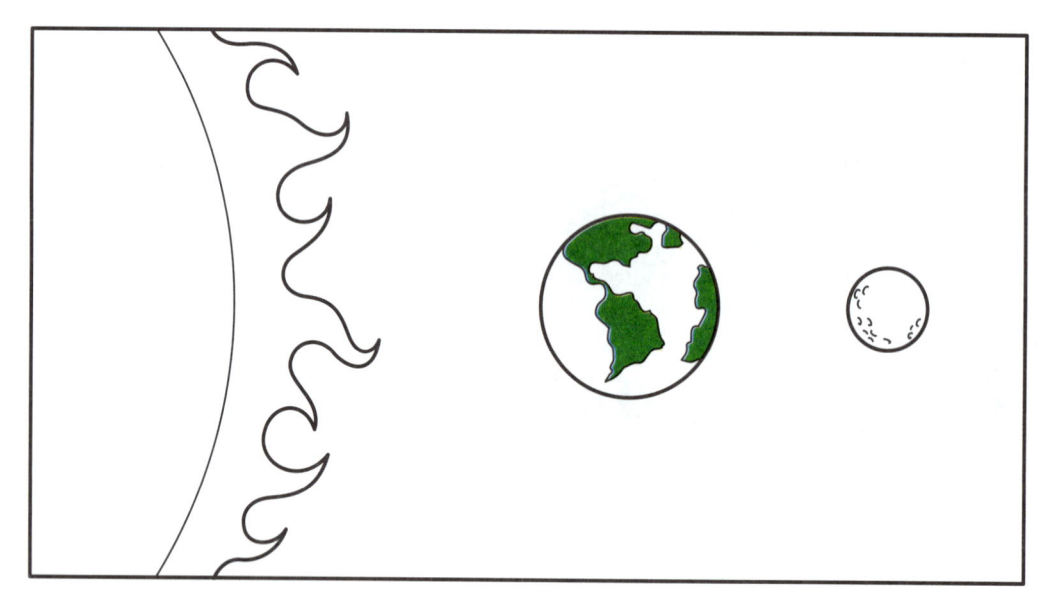

3 PINTE OS ☐ COM AS RESPOSTAS CERTAS.
O SOL É IMPORTANTE PARA A VIDA NA TERRA PORQUE:

A) ☐ FORNECE LUZ.

B) ☐ FORNECE CALOR.

C) ☐ FORNECE OS VENTOS.

BRINCAR E APRENDER

1 DESCUBRA QUAL É E CIRCULE A SOMBRA QUE CORRESPONDE AO ASTRONAUTA.

◆ DIFERENTES AMBIENTES

DO ESPAÇO NÃO É POSSÍVEL VER OS DIFERENTES AMBIENTES QUE EXISTEM NA TERRA. MAS NELA HÁ MUITOS LUGARES BONITOS, COM PLANTAS E ANIMAIS. OBSERVE.

◆ AMBIENTE DOS LAGOS

1,6 m de comprimento

▸ FAMÍLIA DE CISNES NO LAGO.

◆ CAMPOS E SAVANAS

1,2 m de comprimento

▸ CAMPOS E SAVANAS SÃO GRANDES ÁREAS COBERTAS POR GRAMA. NA FOTOGRAFIA, GAZELA E SEU FILHOTE NA SAVANA.

◆ AMBIENTE DAS FLORESTAS

1,4 m de altura

▸ MAMÃE ORANGOTANGO E SEU FILHOTE VIVEM NA FLORESTA.

◆ AMBIENTE MARINHO

6 cm de comprimento

▸ O MAR É UM LUGAR COM MUITOS SERES VIVOS.

O PLANETA TERRA TEM DIFERENTES TIPOS DE AMBIENTES, HABITADOS POR DIFERENTES SERES VIVOS.

OS AMBIENTES QUE SÃO FORMADOS POR ÁGUA SÃO **AMBIENTES AQUÁTICOS**, COMO OS RIOS, OS MARES E OS LAGOS.

30 cm de comprimento

2,5 m de diâmetro

▸ A PIRANHA É UM PEIXE QUE VIVE EM ALGUNS RIOS.

▸ A VITÓRIA-RÉGIA É UMA PLANTA TÍPICA DA AMAZÔNIA, QUE SE DESENVOLVE NOS RIOS DAQUELA REGIÃO.

OS CAMPOS, AS MATAS E AS FLORESTAS SÃO EXEMPLOS DE **AMBIENTES TERRESTRES**.

OBSERVE ALGUNS EXEMPLOS DE SERES VIVOS TERRESTRES.

1,3 m de comprimento

50 m de altura

▸ O VEADO-CAMPEIRO É UM ANIMAL ENCONTRADO NO PANTANAL.

▸ O JEQUITIBÁ É UMA ÁRVORE ENCONTRADA NA MATA ATLÂNTICA.

BAÚ DE INFORMAÇÕES

OS SERES HUMANOS VIVEM NOS AMBIENTES TERRESTRES, ONDE CONSTROEM CASAS E CIDADES E TAMBÉM FAZEM PLANTAÇÕES E CRIAM ANIMAIS.

▶ CIDADE DE MACEIÓ, ALAGOAS.

▶ PLANTAÇÃO DE MACAXEIRA (OU MANDIOCA) EM IGARASSU, PERNAMBUCO.

OS AMBIENTES TERRESTRES FORAM MUITO MODIFICADOS PELO SER HUMANO, O QUE COLOCA EM RISCO A VIDA DE DIVERSAS ESPÉCIES ANIMAIS E VEGETAIS. QUANTO MAIS MODIFICADO FOR UM AMBIENTE, MAIS DIFÍCIL SERÁ ENCONTRAR SERES VIVOS NATIVOS NO LOCAL.

▶ ALGUMAS AVES, COMO AS POMBAS, VIVEM EM GRANDES CIDADES.

▶ MUITAS ÁRVORES SÃO PLANTADAS NAS VIAS PÚBLICAS À BEIRA DA PRAIA, COMO ESSES COQUEIROS NA PRAIA DE BOA VIAGEM, EM RECIFE, PERNAMBUCO.

ATIVIDADES

1 ESCREVA **T** PARA AMBIENTE TERRESTRE E **A** PARA AMBIENTE AQUÁTICO. DEPOIS, PINTE OS DESENHOS.

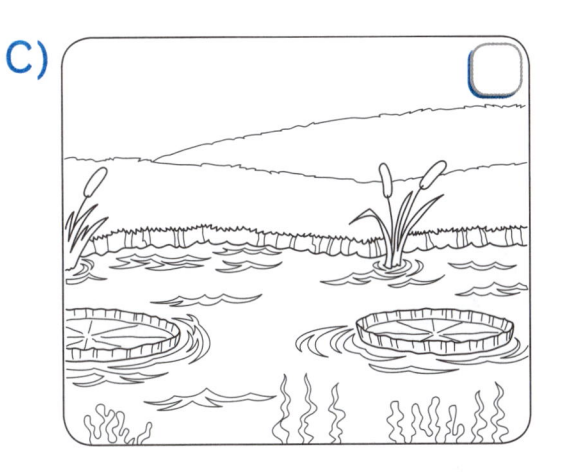

A)

B)

C)

D)

2 MARQUE COM **X** OS NOMES DE ANIMAIS QUE VOCÊ JÁ VIU NO AMBIENTE ONDE VIVE. DEPOIS CONVERSE COM O PROFESSOR PARA SABER SE ESSE AMBIENTE FOI MUITO OU POUCO MODIFICADO PELAS PESSOAS.

A) ◯ SAPO

B) ◯ ONÇA

C) ◯ MOSCA

D) ◯ BARATA

E) ◯ TUBARÃO

F) ◯ BORBOLETA

◆ MANTENDO O AMBIENTE LIMPO

É NECESSÁRIO CUIDAR BEM DOS AMBIENTES ONDE VIVEMOS. PORTANTO, TEMOS DE ESTAR ATENTOS À LIMPEZA DE NOSSA CASA, DA ESCOLA E TAMBÉM DE NOSSA CIDADE.

VEJA ALGUMAS ATITUDES ADEQUADAS PARA CUIDAR BEM DOS AMBIENTES.

▶ NÃO JOGAR LIXO NOS RIOS.

▶ AJUDAR A MANTER NOSSA ESCOLA LIMPA E ORGANIZADA.

▶ AJUDAR A MANTER NOSSA CASA LIMPA E ORGANIZADA.

▶ JOGAR O LIXO EM LUGARES ADEQUADOS E DE MODO QUE SEJA POSSÍVEL RECICLÁ-LO.

ATIVIDADE

1) LEIA A HISTÓRIA E DEPOIS CONVERSE COM OS COLEGAS E O PROFESSOR.

Fabiano dos Santos

— ESTE PAPO DE QUE NÓS, CRIANÇAS, SOMOS O FUTURO É FURADO... BESTEIRA!

— OS ADULTOS NÃO DEVERIAM JOGAR A RESPONSABILIDADE EM CIMA DE NÓS. LIMPAR O MEIO AMBIENTE É COISA PARA ELES!

— GOSTARIA DE SABER O QUE **ELES** ESTÃO FAZENDO PELO MEIO AMBIENTE.

— OOOPSSS...

— ACHO QUE PRECISO COMEÇAR A FAZER MINHA PARTE!

A) O QUE O MENINO FEZ DE ERRADO?
B) VOCÊ JÁ VIU ALGUÉM FAZENDO O MESMO QUE ESSE MENINO?
C) O QUE VOCÊ DIRIA A ELE SE O ENCONTRASSE?
D) VOCÊ ACHA IMPORTANTE TODOS COLABORAREM COM A LIMPEZA DO MEIO AMBIENTE?

PARA ONDE VAI O LIXO?

A MAIORIA DO LIXO PRODUZIDO PELAS PESSOAS NAS GRANDES CIDADES VAI PARA O **LIXÃO**.

▶ DEPÓSITO DE LIXO EM LARANJEIRAS, SERGIPE.

VOCABULÁRIO

LIXÃO: É UMA ÁREA ONDE SE COLOCA GRANDE QUANTIDADE DE LIXO A CÉU ABERTO E SEM TRATAMENTO.

RECICLADO: MATERIAL APROVEITADO DE UM OBJETO QUE É USADO PARA FABRICAR OUTRO OBJETO.

PORÉM, O LIXÃO NÃO É UMA BOA SOLUÇÃO PARA O LIXO, POIS PRODUZ MAU CHEIRO, CAUSA DOENÇAS E POLUI O AMBIENTE.

O LIXO TAMBÉM PODE SER QUEIMADO, MAS ESSA ATITUDE NÃO É CORRETA. A QUEIMA PRODUZ FUMAÇA, QUE CAUSA POLUIÇÃO.

O IDEAL É ENTERRAR RESTOS DE ALIMENTOS E CASCAS DE FRUTAS, REUTILIZAR MATERIAIS E SEPARAR O MATERIAL QUE PODE SER **RECICLADO**, DIMINUINDO, ASSIM, A PRODUÇÃO DE LIXO.

▶ SEPARAÇÃO DE MATERIAL PARA RECICLAGEM.

BAÚ DE INFORMAÇÕES

O LIXO JOGADO DIRETAMENTE NA NATUREZA PODE FICAR LÁ POR MUITOS ANOS. VEJA O TEMPO QUE ALGUNS PRODUTOS LEVAM PARA DESAPARECER.

- **PAPEL:** DE 3 MESES A VÁRIOS ANOS.
- **MADEIRA:** EM TORNO DE 6 MESES.
- **CHICLETE:** EM MÉDIA, 5 ANOS.
- **LATA:** DE 80 A 100 ANOS.
- **PLÁSTICO:** DE 100 A 500 ANOS.

ATIVIDADES

1 OBSERVE AS IMAGENS E CONVERSE COM OS COLEGAS E O PROFESSOR SOBRE OS PROBLEMAS QUE O ACÚMULO DE LIXO TRAZ AO AMBIENTE. DEPOIS, COMPLETE CADA FRASE DE ACORDO COM A IMAGEM.

A) O ACÚMULO DE LIXO ATRAI _____ E PODE LIBERAR _____.

B) O LIXO ACUMULADO NOS RIOS PODE CAUSAR _____.

2 PINTE OS ☐ COM AS INFORMAÇÕES CORRETAS SOBRE OS CUIDADOS COM O LIXO.

A) ☐ O LIXO DEVE SER COLETADO CORRETAMENTE.

B) ☐ O LIXÃO PODE PREJUDICAR A NATUREZA E AS PESSOAS.

C) ☐ O LIXO DEVE SER JOGADO NO CHÃO OU NO RIO.

D) ☐ RESTOS DE ALIMENTOS E CASCAS DE FRUTAS DEVEM SER ENTERRADOS.

E) ☐ NÃO DEVEMOS SEPARAR O LIXO.

3 MARQUE COM UM **X** OS TRATAMENTOS IDEAIS PARA O LIXO QUE PRODUZIMOS EM NOSSAS CASAS.

A) ☐

B) ☐

C) ☐

BRINCAR E APRENDER

1 ENCONTRAMOS LIXEIRAS COM CORES DIFERENCIADAS EM MUITOS LOCAIS PARA QUE A POPULAÇÃO SEPARE O LIXO. ELAS TÊM CORES-PADRÃO PARA CADA TIPO DE LIXO. OBSERVE.

PAPEL **METAL**

PLÁSTICO **VIDRO**

LIGUE CADA LIXO À LIXEIRA CORRETA.

A)

B)

C)

D)

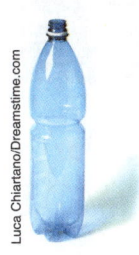

UM POUCO MAIS SOBRE...

REUTILIZANDO MATERIAIS

MUITO DO LIXO QUE PRODUZIMOS PODE SER REUTILIZADO NA CONFECÇÃO DE OUTRO PRODUTO. DIVERSOS ARTISTAS JÁ UTILIZAM MATERIAIS COMO TAMPINHAS DE GARRAFA, LATAS DE REFRIGERANTE E PLÁSTICO PARA CRIAR OBRAS DE ARTE.

▶ ESCULTURA PRODUZIDA COM LATAS E COLHERES DE ALUMÍNIO. URUMCHI, CHINA.

ALÉM DE PRODUZIR BELAS OBRAS DE ARTE E USAR A CRIATIVIDADE, ELES AINDA REDUZEM O CONSUMO DE MATERIAIS E A PRODUÇÃO DE LIXO.

1 PINTE OS ⬜ QUE MOSTRAM ATITUDES QUE AJUDAM A DIMINUIR OS PROBLEMAS COM O LIXO.

- A) ⬜ REDUZIR A PRODUÇÃO DE LIXO.
- B) ⬜ AUMENTAR O CONSUMO DE PRODUTOS.
- C) ⬜ REUTILIZAR OBJETOS.
- D) ⬜ USAR OS DOIS LADOS DA FOLHA DE PAPEL DO CADERNO.
- E) ⬜ CRIAR BRINCADEIRAS COM OS BRINQUEDOS VELHOS.
- F) ⬜ JOGAR LIXO NOS LIXÕES.
- G) ⬜ RECICLAR OS MATERIAIS.

2 CRIE UM BRINQUEDO USANDO SUCATA (LATA DE REFRIGERANTE, GARRAFA PET, RESTOS DE PAPEL, CAIXAS, MEIAS VELHAS ETC.).

MOSTRE O BRINQUEDO AOS COLEGAS E AO PROFESSOR. DEPOIS, CONTE A ELES COMO VOCÊ FEZ O BRINQUEDO.

PARA IR MAIS LONGE

LIVROS

- *RECICLANDO COM OS COELHINHOS*, DE INGRID BIESEMEYER BELLIEGHAUSEN. SÃO PAULO: DCL, 2010. MOSTRA A IMPORTÂNCIA DA RECICLAGEM E DO REAPROVEITAMENTO DE MATERIAIS.
- *TURMA DO UTILIXO*, DE NELY A. GUERNELLI NUCCI. SÃO PAULO: EDIÇÕES PAULINAS, 2009. ABORDA PROBLEMAS RELACIONADOS AO LIXO E AO DESTINO DADO A ELE.

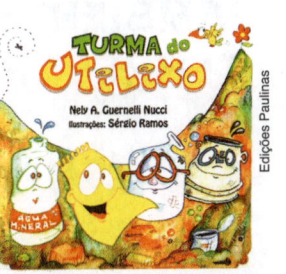

REVENDO O QUE VOCÊ APRENDEU

1 ASSINALE AS FRASES CORRETAS COM UM **X**.

A) ☐ NOSSO PLANETA É A TERRA.

B) ☐ O SOL FORNECE LUZ E CALOR PARA A TERRA.

C) ☐ O SOL NÃO É IMPORTANTE PARA OS SERES VIVOS.

D) ☐ A TERRA TEM FORMA ARREDONDADA.

E) ☐ A TERRA GIRA EM TORNO DO SOL.

2 DESENHE UM AMBIENTE AQUÁTICO E UM AMBIENTE TERRESTRE.

AMBIENTE AQUÁTICO	
AMBIENTE TERRESTRE	

3 CIRCULE APENAS AS ATITUDES CORRETAS.

4 PINTE AS PALAVRAS COM A COR DA LIXEIRA ONDE OS LIXOS DEVEM SER JOGADOS.

PLÁSTICO   PAPEL
VIDRO   METAL

5 OBSERVE A ILUSTRAÇÃO DE UM AMBIENTE AQUÁTICO. CIRCULE O QUE NÃO FAZ PARTE DESSE AMBIENTE.

CAPÍTULO 5

Água, ar e solo

▶ Francisco Severino. *Alto da montanha*, 2005. Óleo sobre tela, 30 x 40 cm.

Diálogo inicial

1. Quais são os elementos presentes na imagem?
2. Você conhece algum local como o representado na pintura?
3. Que tipo de ambiente está sendo mostrado na imagem?
4. Que componente da natureza, muito importante para a vida, está presente na imagem e nós não conseguimos ver?

Importância da água

Todos os seres vivos necessitam de água para viver. Ela é utilizada, por exemplo, para matar a sede.

A água é também o hábitat de alguns animais e plantas, e é fundamental para que eles se desenvolvam.

▶ Muitos seres vivos, como os peixes, têm a água como seu hábitat.

A água é indispensável na higiene e no preparo da maioria dos alimentos consumidos pelos seres humanos.

▶ A água é utilizada na higiene pessoal.

▶ Usamos a água no preparo de muitos alimentos, como feijão e arroz.

A água é usada como meio de transporte, tanto de pessoas quanto de mercadorias, e também na produção de energia, nas **hidrelétricas**.

▶ Navio de cruzeiro.

▶ Usina hidrelétrica de Itaipu, em Foz de Iguaçu, Paraná.

Baú de informações

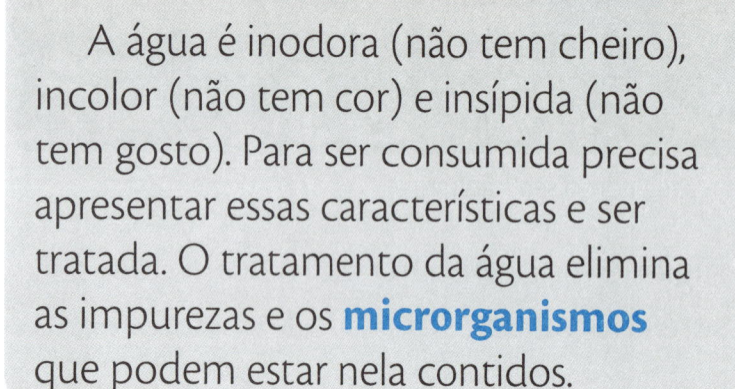

A água é inodora (não tem cheiro), incolor (não tem cor) e insípida (não tem gosto). Para ser consumida precisa apresentar essas características e ser tratada. O tratamento da água elimina as impurezas e os **microrganismos** que podem estar nela contidos.

Vocabulário

Hidrelétrica: usina que produz energia elétrica usando a força das águas.

Microrganismo: ser vivo microscópico. Alguns podem causar doenças e prejuízos à saúde.

Para ir mais longe

Livro

▶ *Água, fonte da vida*, de Leonardo Mendes Cardoso. São Paulo: Editora do Brasil, 2012. Fala da importância da água para a existência de vida no planeta Terra.

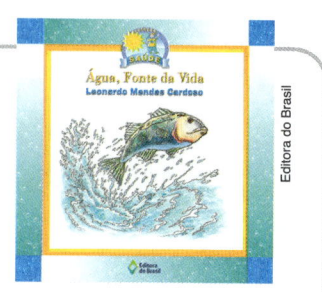

Atividades

1 Numere as imagens de acordo com o uso da água e depois pinte-as.

- **1** via de transporte
- **2** hábitat de seres vivos
- **3** higiene pessoal
- **4** matar a sede

2 Lucas está verificando as três características da água. Ligue cada desenho à característica correspondente a ele.

a)　　　　　　　　b)　　　　　　　　c)

inodora　　　　　insípida　　　　　incolor

Brincar e aprender

1 Ligue os pontos e veja um recipiente usado para regar plantas, uma das muitas utilidades da água. Depois, pinte o desenho.

Preservação da água

A água é um recurso natural essencial para a vida em nosso planeta e necessita ser muito bem cuidada e preservada para que não acabe.

Algumas atitudes sempre precisam ser lembradas quando se fala em preservação da água. Veja algumas delas e comente com sua família.

▶ Feche o chuveiro ao ensaboar-se no banho.

▶ Feche a torneira enquanto escova os dentes.

▶ Não deixe a torneira pingando.

▶ Feche a torneira enquanto ensaboa a louça.

▶ Prefira varrer a calçada em vez de lavá-la.

Valores e vivências

A água é muito preciosa para ser desperdiçada. Economize hoje para não faltar amanhã.

Para ir mais longe

Site
▶ *Água.* <www.youtube.com/watch?v=SlfpR8IgQeY>.
Vídeo sobre a importância da água.

Atividade

1 Algumas pessoas não sabem que é essencial economizar água. Elas têm hábitos que devem ser corrigidos. Mostre a elas as mudanças que precisam adotar traçando uma linha entre as imagens que mostram a atitude errada e a atitude certa correspondente.

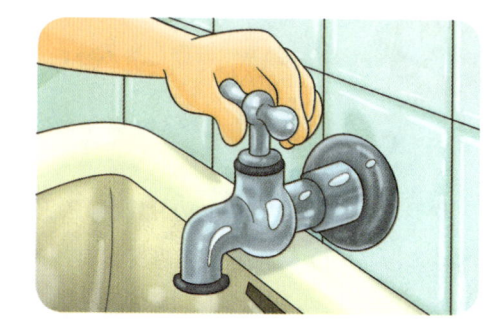

a)

b)

c)

d)

◈ Importância do ar

O ar está em toda parte. Ele é invisível, mas podemos sentir sua presença em diversas situações. Observe.

▸ O vento é o ar em movimento. Podemos percebê-lo quando as folhas das árvores balançam.

▸ O ar sustenta a pena antes que ela caia no chão.

O ar é muito importante para a vida em nosso planeta. É nele que encontramos o oxigênio, fundamental para a respiração dos seres vivos.

▸ Os pássaros utilizam o ar para a respiração e também para o voo.

1 m de comprimento

▸ Os peixes e outros animais aquáticos respiram o oxigênio que se encontra na água.

40 cm de comprimento

Na prática — Experimento

Objetivo

Identificar a existência do ar.

Material:

- um copo;
- detergente líquido;
- água;
- um canudo de plástico.

Olho vivo!

Cuidado para não engolir a água com sabão. Apenas assopre o ar pelo canudo.

Como fazer

1. Coloque água e algumas gotas de detergente no copo. Misture até formar um pouco de espuma.
2. Com o canudo, assopre o conteúdo do copo e observe o que acontece.
3. Agora, molhe a ponta do canudo na água com detergente e assopre devagar para fora do copo.

1 Com base no resultado da atividade, troque ideias com os colegas e responda oralmente às questões.

a) O que foi produzido quando você assoprou no canudo, dentro e fora do copo?

b) O que há dentro da bolha de sabão?

c) Se não existisse ar, a bolha de sabão se formaria?

Brincar e aprender

1 A primeira imagem mostra diferentes utilidades do ar, mas, ao repetir o desenho, a segunda imagem apresentou sete diferenças. Descubra quais são e marque-as com um **X**.

a)

b)

Preservação do ar

O ar é essencial para os seres vivos, por isso precisa ser preservado.

Apesar de sua importância, as pessoas não cuidam dele de forma adequada.

Muitas vezes, o ar fica poluído por causa da presença da fumaça das queimadas, do escapamento dos veículos e das chaminés das indústrias. Ele também se torna poluído com a poeira provocada pela demolição de prédios.

Quando o ar está poluído, as pessoas podem ter alergias e tosse.

▶ Em nosso país, as queimadas são grandes poluidoras do ar.

▶ Nas grandes cidades, a enorme quantidade de veículos torna o ar poluído.

▶ Outro fator de poluição é a poeira de demolições.

▶ As indústrias, com suas chaminés, também são responsáveis pela poluição do ar.

Atividades

1 Ordene as letras e encontre o nome de um elemento que contamina o ar e o torna poluído.

M A F U Ç A _____

2 Pinte as imagens que representam atitudes adequadas para diminuir a poluição do ar.

a)

b)

c)

d)

Importância do solo

O solo, também chamado de terra, é onde as pessoas vivem, constroem suas moradias, fazem plantações e criam animais. É o local onde muitos outros seres vivem também.

▶ As pessoas constroem moradias sobre o solo ou em seu interior.

▶ Os coelhos vivem em tocas no solo.

É do solo que as pessoas e outros animais retiram muitos de seus alimentos.

▶ O ser humano utiliza o solo para produzir alimentos.

▶ As vacas comem a grama, que nasce no solo.

Brincar e aprender

1 Pinte os locais indicados com os símbolos e veja os animais que vão surgir. Preste atenção na legenda, que indica a cor a ser usada.

- X : **Azul**
- + : **Marrom**
- ★ : **Laranja**
- ■ : **Vermelho**
- ▲ : **Preto**
- ● : **Verde**

Preservação do solo

O solo é muito importante para várias espécies de seres vivos. Por isso, precisamos cuidar muito bem dele.

Podemos ajudar a preservar o solo diminuindo a quantidade de lixo e dando o destino correto a ele. O lixo jogado na natureza pode contaminar o ambiente e aumentar a proliferação de insetos, de ratos e de outros animais transmissores de doenças.

▶ Lixão em Ribeirópolis, Sergipe, 2008. Muitas pessoas sobrevivem catando lixo. Nesse ambiente, elas estão expostas a doenças transmitidas por animais que vivem ali.

Outras ações que também prejudicam o solo são as queimadas, o desmatamento e o uso de **agrotóxico**.

Vocabulário

Agrotóxico: substância usada para controlar pragas nas plantações.

▶ Quando a vegetação é retirada, o solo fica desprotegido.

▶ Os agrotóxicos poluem o solo e também as águas.

Atividades

1 Observe as imagens a seguir e ligue cada uma delas com a frase que descreve a importância do solo representada por elas.

a) Abrigo para animais, como os tatus.

b) Plantações de alimentos, como cenouras.

c) Local onde as árvores se fixam.

d) Produção de alimento para animais, como os alces.

2 Complete as palavras com as vogais que faltam e descubra duas causas de degradação do solo.

a) D ___ S M ___ T ___ M ___ NT ___

b) Q ___ ___ ___ M ___ D ___

Revendo o que você aprendeu

1 Pinte somente os desenhos que mostram o uso da água na higiene pessoal ou da casa.

2 Pinte as carinhas de acordo com a atitude correta ou errada em relação à água.

a) Tomar banhos demorados.

b) Fechar a torneira enquanto ensaboa as mãos.

c) Deixar a torneira pingando.

d) Usar mangueira para tirar o pó das calçadas.

e) Reutilizar a água.

f) Usar balde em vez de mangueira para lavar carros e calçadas.

3 Observe as imagens e circule as que mostram a importância do ar.

4 Complete o diagrama com palavras que expressem a importância do solo mostrada em cada imagem.

S
SOLO
L
O

5 Com relação a evitar a poluição do ar e do solo, pinte o ☐ de verde se a atitude estiver certa e de vermelho se a atitude estiver errada.

a) ☐ Queimar o lixo.

b) ☐ Plantar árvores.

c) ☐ Usar bicicleta em vez de carro.

d) ☐ Desmatar.

e) ☐ Usar agrotóxico.

CAPÍTULO 6
Os animais e suas características

Diálogo inicial

1. Quais animais da ilustração você conhece?

2. Você conhece muitos animais? Onde costuma vê-los?

3. Escolha dois animais da ilustração e mostre aos colegas algumas semelhanças e diferenças entre eles.

Animais de todo jeito

Existem muitos animais na natureza. Uns são bem grandes, outros são bem pequenos.

3 m de altura

2 cm de comprimento

▶ A abelha é um animal pequeno.

▶ O elefante é um animal grande.

Olho vivo!

Observe as escalas de tamanho nas fotografias dos animais.

Alguns têm o corpo revestido de penas, outros têm pelos.

1 m de comprimento

40 cm de comprimento

▶ Aves, como a arara-azul, têm o corpo coberto de penas.

▶ Animais como os macacos têm o corpo coberto de pelos.

Outros animais têm o corpo revestido por escamas ou apenas de pele.

10 cm de comprimento

▶ Os peixes, como este lambari, têm o corpo coberto por escamas.

12 cm de comprimento

▶ O sapo tem o corpo coberto apenas de pele.

Para ir mais longe

Livro
▶ *A tartaruga infeliz*, de Therezinha Casasanta. São Paulo: Editora do Brasil, 2009. O livro mostra como o corpo de alguns animais é revestido.

Brincar e aprender

A tartaruga tem o corpo revestido por uma cobertura dura, um casco, que serve de proteção para ela.

1 Descubra qual dos desenhos é exatamente igual ao primeiro e marque-o com um **X**.

a) ☐

b) ☐

c) ☐

d) ☐

Atividade

1 Observe as imagens e faça o que se pede.

leão

pato

girafa

peixe

minhoca

rato

a) Circule de azul os animais que costumam ser maiores do que os seres humanos e de vermelho os que são menores.

b) Complete as frases.

- O rato, a girafa e o leão têm o corpo coberto por _____.
- O peixe tem o corpo coberto de _____.
- O pato tem o corpo coberto por _____.
- A minhoca tem o corpo coberto de _____.

🔷 Onde vivem os animais?

Os animais vivem em diferentes ambientes.

Alguns vivem apenas dentro da água. É o caso dos peixes e das estrelas-do-mar. Outros animais, como a anta e as formigas, vivem somente na terra.

▶ Peixe tucunaré. (1 m de comprimento)

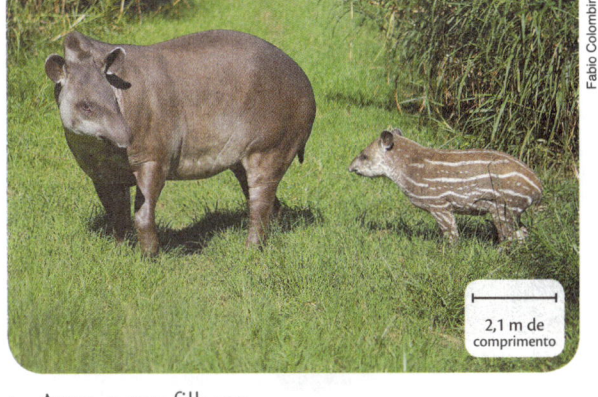

▶ Anta e seu filhote. (2,1 m de comprimento)

Há ainda animais que vivem tanto dentro quanto fora da água, como algumas serpentes, os sapos e os jacarés.

▶ Sucuri. (5 m de comprimento)

🔶 Para ir mais longe

Livro
- *ABC do zoo*, de Luise Weiss. São Paulo: Companhia das Letrinhas, 2000. Traz as características de vários animais do Brasil.
- *Casinha de bichos*, de Hardy Guedes Alcoforado Filho. São Paulo: Scipione, 2008. O livro conta, em forma de poesia, como é a casa de diferentes animais.

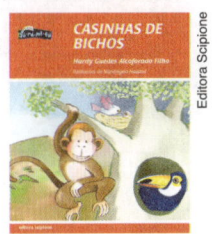

Atividades

1 Escreva **A** se o animal vive na água e **T** se vive na terra.
a) ◯ onça
b) ◯ cachorro
c) ◯ cavalo
d) ◯ peixe
e) ◯ boto
f) ◯ vaca
g) ◯ cabra
h) ◯ baleia
i) ◯ gato

2 Escreva a primeira letra de cada desenho e descubra um animal que vive tanto na terra como na água.

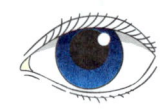

Baú de informações

As aves constroem ninhos para se proteger e criar os filhotes. Eles são feitos com diversos materiais, como folhas, terra, saliva, pelo de animais e restos de lixo.

Os ninhos ficam pendurados em árvores, rochas e até mesmo no alto de edifícios e postes de luz.

▶ Ninho de passarinho em árvore.

▶ Ninho de gaivota em rocha.

▶ Ninho de joão-de-barro em poste.

🔷 O que os animais comem?

Cada animal tem uma preferência alimentar.

A onça e o leão, por exemplo, alimentam-se de carne. Eles são chamados de **carnívoros**.

▶ A onça come carne.

Animais como os touros e as zebras alimentam-se de plantas. Eles são **herbívoros**.

▶ O touro come plantas.

Alguns animais se alimentam tanto de plantas como de outros animais. É o caso das galinhas e do lobo-guará. Eles são chamados de **onívoros**.

▶ Galinhas comem milho e minhoca, por exemplo.

Baú de informações

Você sabia que um elefante adulto come até 125 quilogramas de plantas por dia? Essa quantidade equivale ao peso de um avestruz. Já um leão adulto pode comer até 30 quilogramas de carne por refeição, o que equivale ao peso de um cachorro *dobermann*.

Atividade

1 Classifique cada animal, de acordo com seus hábitos alimentares, em carnívoro, herbívoro ou onívoro e ligue-os a seu alimento.

a) leão    b) touro    c) galinha

_____   _____   _____

▸ Milho e minhoca.    ▸ Carne.    ▸ Capim.

Locomoção dos animais

Os animais se locomovem de modos diferentes. Observe alguns exemplos a seguir.

1,6 m de altura

▶ Os cavalos andam e correm.

5 cm de comprimento

▶ Os gafanhotos, assim como as pererecas, saltam.

80 cm de altura

▶ As águias, como a maioria das aves, voam.

20 cm de comprimento

▶ Os peixes, como as piranhas, nadam.

15 cm de comprimento

▶ As minhocas, assim como as serpentes, rastejam.

Para ir mais longe

Livro
▶ *Uma dúzia e meia de bichinhos*, de Marciano Vasques. São Paulo: Atual, 2009. Apresenta, com versos, as belezas e as características de pequenos seres vivos e como eles se locomovem.

Atividades

1 Ligue cada animal a seu modo de locomoção.

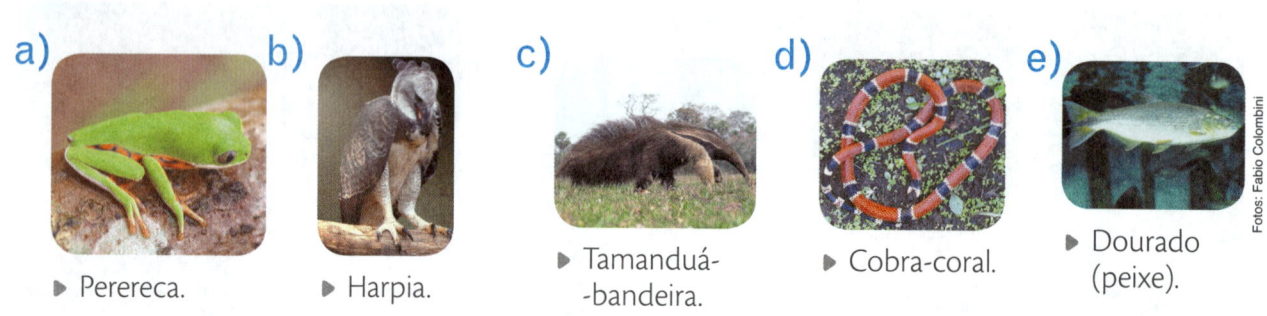

a) ▶ Perereca.

b) ▶ Harpia.

c) ▶ Tamanduá-
-bandeira.

d) ▶ Cobra-coral.

e) ▶ Dourado (peixe).

Fotos: Fabio Colombini

nada   salta   anda   rasteja   voa

2 Escolha dois outros animais, além dos que você conheceu neste livro, desenhe-os a seguir e escreva de que forma eles se locomovem.

Brincar e aprender

1 Ligue os pontos seguindo a numeração de 1 a 20 para ver um animal. Depois responda às questões propostas e faça o que se pede.

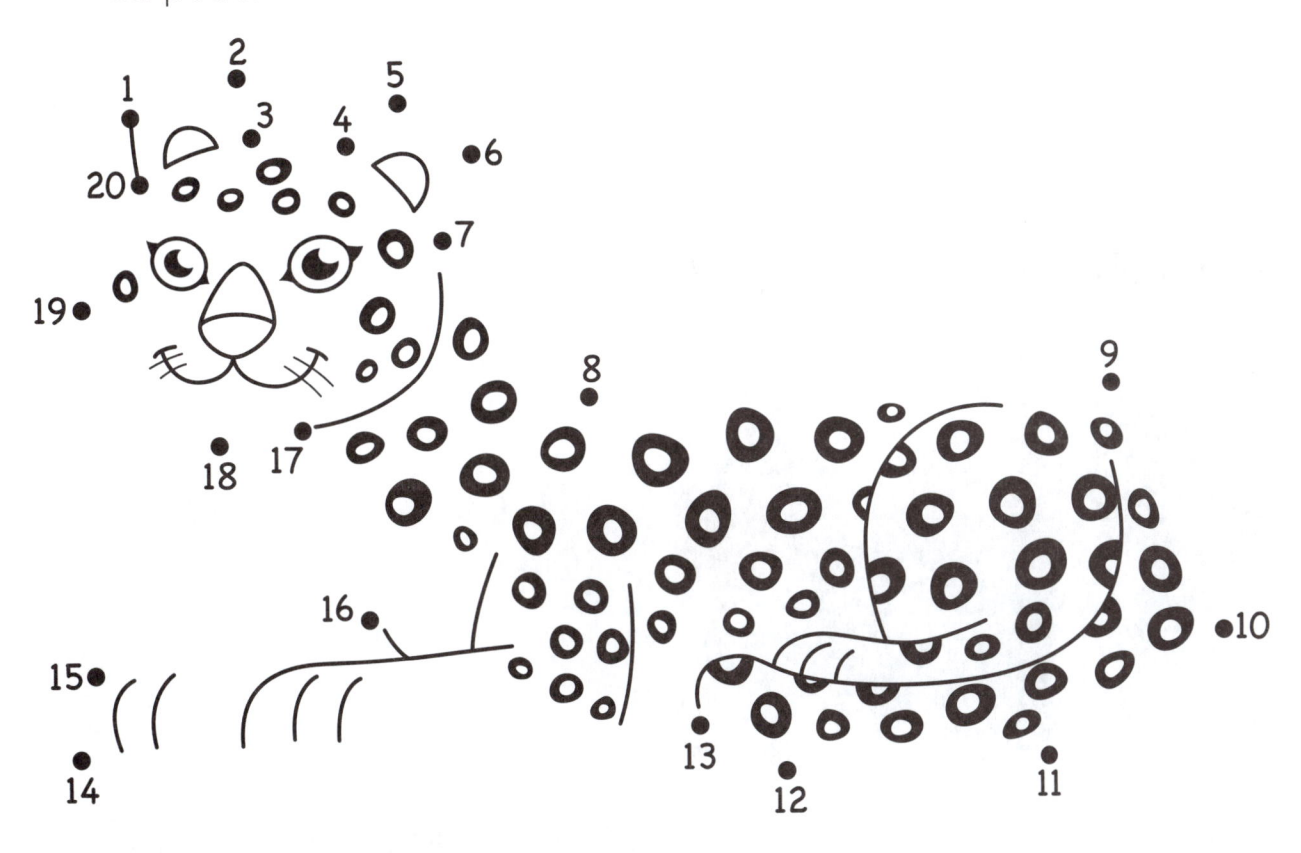

a) Qual é o nome do animal que surgiu? _____

b) Em que ambiente esse animal vive?
- ☐ Terrestre.
- ☐ Aquático.
- ☐ Nos dois.

c) Quanto ao hábito alimentar, esse animal come:
- ☐ plantas.
- ☐ carne.
- ☐ plantas e carne.

d) O corpo desse animal é coberto por:
- ☐ pena.
- ☐ escama.
- ☐ pelo.

103

Um pouco mais sobre...

Animais de estimação

Entre os animais domesticados há alguns que vivem muito próximos das pessoas. São os animais de estimação.

As pessoas gostam de tê-los por perto e cuidar deles, como o cão e o gato. Os animais de estimação precisam de cuidados especiais. Veja alguns deles nas imagens a seguir.

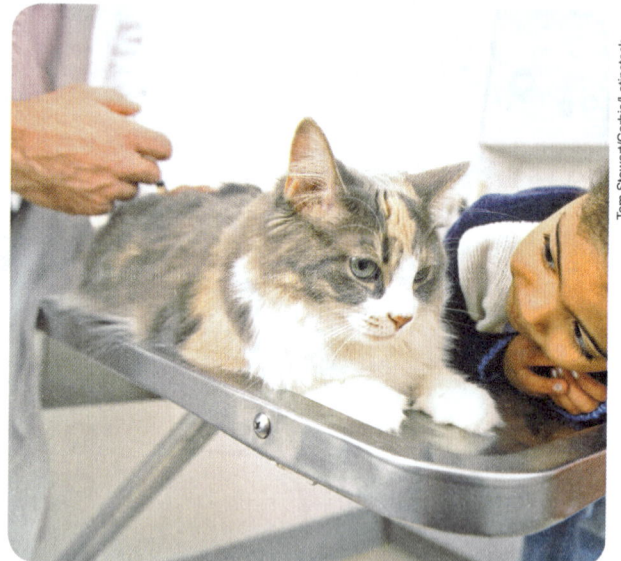

▶ Os animais de estimação precisam tomar banho regularmente, estar com a vacinação em dia, receber alimentação adequada, carinho, atenção e exercitar-se.

Olho vivo!

Atenção: quando for passear com seu animal de estimação, recolha os dejetos (o cocô) e jogue-os em local apropriado.

▶ Em algumas cidades quem não recolhe as fezes de seu animal de estimação pode ser multado.

1 Responda oralmente às questões:

a) Você tem um animal de estimação? Conte aos colegas como ele é e de que modo você cuida dele.

b) Se você não tem um animal de estimação, gostaria de ter um? Qual? Por quê?

c) Animais de estimação precisam de cuidados especiais. Quais são esses cuidados?

d) Desenhe seu animal de estimação ou aquele que você gostaria de ter em uma folha de papel à parte. Escreva as características dele: como é o revestimento do corpo e o tipo de locomoção, qual é seu hábito alimentar etc.

Para ir mais longe

Livro

▶ *Um bichinho só pra mim*, de Sônia Barros. São Paulo: Quinteto Editorial.

Em forma de poesia, o livro aborda a questão de uma criança que quer ter um bicho de estimação.

Revendo o que você aprendeu

1) Complete o diagrama de palavras com o nome dos animais.

2) Complete o quadro com o nome dos animais da atividade anterior, de acordo com a classificação.

Onde vive		Cobertura do corpo		
Terra	Água	Pelo	Pena	Escama

3) Escreva dois exemplos de animais que vivem tanto na água quanto fora dela.

_____

4 Considerando a forma de locomoção dos animais, numere a segunda coluna de acordo com a primeira.

1. anda
2. rasteja
3. nada
4. voa
5. pula

( ) águia
( ) tubarão
( ) girafa
( ) pulga
( ) serpente

5 Circule os animais que são herbívoros, isto é, alimentam-se somente de plantas.

a)

b)

c)

d)

e)

f)

CAPÍTULO 7
Um pouco mais sobre os animais

Observe a sequência de ilustrações a seguir.

Diálogo inicial

1. Que animal aparece nessa história? O que você sabe sobre ele?
2. Relate o que está acontecendo na história.
3. Na história podemos ver que a tartaruga nasceu de um ovo. Você conhece outros animais que nascem de ovos? Quais?

Nascimento e desenvolvimento dos animais

Os animais podem se reproduzir e dar origem a novos seres. A forma de nascimento deles varia de acordo com a espécie.

Alguns animais nascem de ovos, como a tartaruga e as aves.

Outros saem de dentro da barriga da fêmea, como os cachorros e os seres humanos.

▶ Gansa com seus ovos. As aves nascem de ovos. (80 cm de altura)

▶ Cadela prenha. Os cachorros nascem da barriga da fêmea. (60 cm de altura)

Alguns animais nascem parecidos com os adultos.

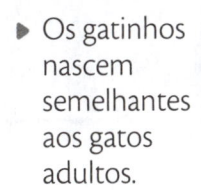

▶ Os gatinhos nascem semelhantes aos gatos adultos. (40 cm de comprimento)

Outros animais nascem bem diferentes. Eles passam por transformações até se tornarem parecidos com os adultos.

A borboleta coloca ovos. Deles nascem as lagartas (que são bem diferentes dos adultos). Elas formam as crisálidas, que dão origem a novas borboletas.

1 — 2 mm de comprimento
▶ Ovo de borboleta.

2 — 5 a 10 cm de comprimento
▶ Lagarta.

3 — 5 cm de altura
▶ Crisálida.

4 — 10 cm de comprimento
▶ Borboleta.

Fotos: Fabio Colombini

Dos ovos dos sapos nascem os girinos (que são bem diferentes dos adultos). Eles se desenvolvem e se transformam em sapos adultos.

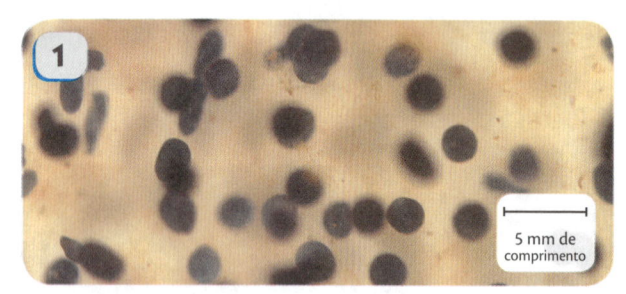

1 — 5 mm de comprimento
▶ Ovos de sapo.

2 — 3 cm de comprimento
▶ Girino.

3 — 5 cm de comprimento
▶ Girino.

4 — 15 cm de comprimento
▶ Sapo.

Fotos: Fabio Colombini

Atividades

1 Marque um **X** nos animais que nascem do ovo. Circule os que nascem da barriga da fêmea. Depois pinte os desenhos

2 Organize as fases do desenvolvimento das borboletas e dos sapos numerando os quadradinhos de cada sequência.

◆ Borboleta

a)   c)

b)   d)

◆ Sapo

a)   c)

b)   d)

3 Circule o animal que nasce parecido com os adultos e faça um **X** no animal que nasce bem diferente dos adultos.

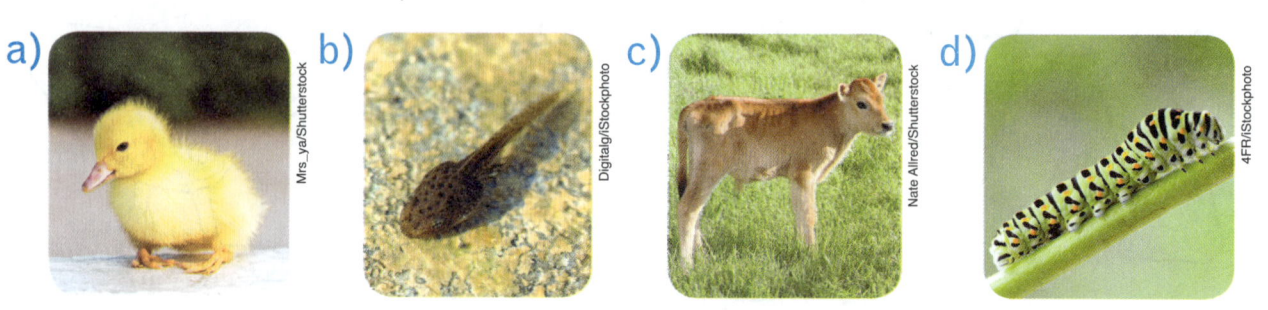

a)   b)   c)   d)

Importância dos animais

Na natureza, todos os elementos estão interligados. Cada animal, independentemente de seu tamanho, tem um importante papel no planeta.

Você já viu uma cena como esta?

▶ Lagartixa comendo aranha.

30 cm de comprimento

A lagartixa come pequenos animais, como moscas, mosquitos, baratas e aranhas, que podem ser nocivos ao ser humano. Dessa forma, a lagartixa se torna útil ao homem. Se o número de lagartixas diminuir em um local, certamente aumentará o número desses animais e ocorrerá um desequilíbrio ambiental.

Em nosso dia a dia encontramos vários outros animais que também são úteis ao ser humano.

▶ Burros e cavalos são usados como meio de transporte.

1,3 m de altura

▶ As galinhas fornecem ovos e carne.

▶ As vacas fornecem leite e carne.

▶ As ovelhas fornecem lã e carne.

▶ Muitos animais aquáticos, entre eles os peixes, camarões e lulas, servem de alimento para os seres humanos.

▶ Cães-guias são como os olhos de uma pessoa cega, pois são treinados a ajudá-la em suas atividades do dia a dia.

Para ir mais longe

Livro

▶ *A lenda da gralha azul*, de Sonia Junqueira. São Paulo: Atual, 2005.

O livro aborda a importância do equilíbrio ecológico, destacando que a morte de um animal pode trazer consequências para toda a natureza.

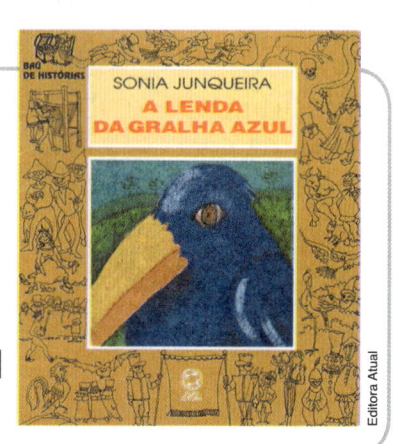

Brincar e aprender

1 Ligue cada animal ao que ele fornece para o ser humano. Utilize cores diferentes para cada um.

2 Agora escreva o que cada animal fornece:

a) ovelha – _____.

b) vaca – _____.

c) galinha – _____.

3 Destaque a página 157. Nela você encontrará fotografias de diversos animais. Recorte essas fotografias e faça um álbum colando cada uma no espaço correto na página 155.

Depois escreva o nome do animal abaixo de sua imagem, como se fosse uma legenda.

Mostre seu álbum para os colegas e professor.

Preservando os animais

Você sabia que existem muitas espécies animais que estão ameaçadas de desaparecer? Observe nas fotografias algumas dessas espécies.

▶ O mico-leão-dourado, a onça-pintada são exemplos de animais ameaçados de extinção.

Mas o que leva um tipo de animal a desaparecer de seu ambiente natural?

▶ O papagaio-de-cara-roxa, ou chauá, é uma ave ameaçada de extinção. As principais causas dessa ameaça são sua captura para ser vendido e a retirada das árvores onde ele vive e consegue alimentos.

▶ O peixe-boi marinho é o mamífero aquático mais ameaçado de extinção no Brasil. A caça e o encalhe são as maiores causas da mortalidade desses animais.

Além do desmatamento e das queimadas, que destroem o hábitat desses animais, a caça ilegal também é responsável por essa situação. Muitos animais são caçados por pessoas que exploram sua pele e sua carne ou também os vendem.

▶ Peles de animais apreendidas pela polícia. Pantanal, Mato Grosso do Sul, 2006.

▶ Aves apreendidas pela polícia. Catanduva, São Paulo, 2011.

Baú de informações

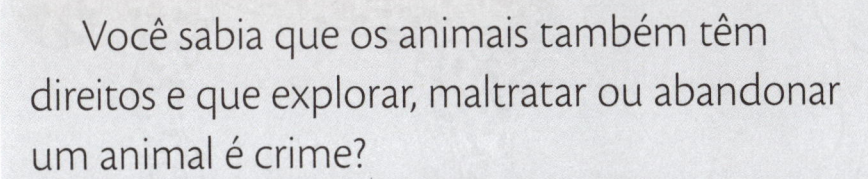

Você sabia que os animais também têm direitos e que explorar, maltratar ou abandonar um animal é crime?

Animais silvestres devem ser mantidos em seu hábitat. Animais domesticados devem ser protegidos e cuidados.

▶ Cartaz contra maus--tratos a animais.

Para ir mais longe

Livro

▶ *Bicho que te quero livre*, de Elias José. São Paulo: Moderna, 2007.
Uma grande quantidade de animais é apresentada por meio de divertidas rimas, que também valorizam a preservação deles.

Atividades

1 Assinale com um **X** as atitudes que colaboram para a extinção dos animais.

a) ☐ Desmatar.
b) ☐ Fazer queimadas.
c) ☐ Caçar os animais.
d) ☐ Não poluir a natureza.

2 Pinte os desenhos dos animais ameaçados de extinção.

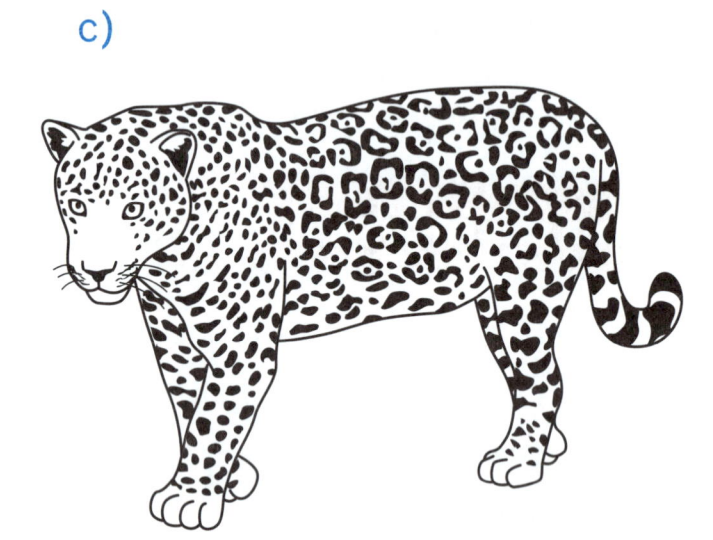

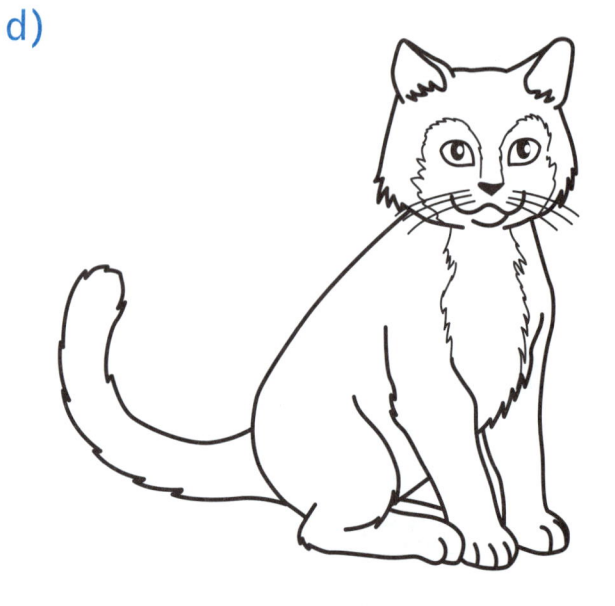

a)

b)

c)

d)

Brincar e aprender

1 Descubra o caminho que leva o animal de volta a seu ambiente natural. Depois copie as letras que estão nesse caminho e descubra o que todos os animais merecem.

_____

Revendo o que você aprendeu

1 Numere as imagens na ordem correta dos acontecimentos. Depois complete as frases.

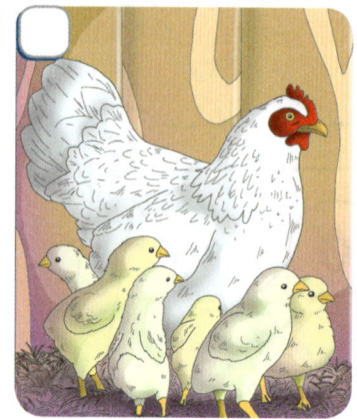

a)

Os pintinhos nascem de _____.

b)

Os potros nascem da _____.

2 Complete com as vogais e descubra o nome de dois animais que nascem da barriga da fêmea.

a) __ L __ F __ N T __   b) G __ L F __ N H __

3 Complete com as consoantes e descubra o nome de dois animais que nascem dos ovos.

a) __ A __ __ A __ U __ A   b) A __ A __ A

4 Alguns animais nascem parecidos com os pais. Outros nascem bem diferentes deles. Ligue o filhote ao animal adulto do qual ele nasceu.

a)

b)

c)

d)

5 Numere a segunda coluna de acordo com a primeira.

1. Fornece carne.
2. Fornece lã.
3. Fornece mel.
4. Fornece ovos.
5. É usado como meio de transporte.

( ) galinha
( ) abelha
( ) porco
( ) cavalo
( ) ovelha

6 Marque um **X** nas atitudes que protegem os animais da extinção.

a) ( ) Não desmatar.
b) ( ) Fazer queimadas.
c) ( ) Não praticar a caça ilegal.
d) ( ) Comercializar animais silvestres.

CAPÍTULO 8
Conhecendo algumas plantas

▶ Edivaldo. *O vendedor de cocada*, 2014. Acrílico sobre tela, 60 × 80 cm.

Diálogo inicial

1. Você já viu um ambiente como o da imagem?

2. Você conhece alguma planta que aparece na imagem?

3. Você conhece outras plantas diferentes das que estão na imagem?

4. No que as plantas são parecidas? E no que elas são diferentes?

As plantas e suas partes

As plantas são seres vivos. Isso significa que elas nascem, crescem, desenvolvem-se, podem se reproduzir e morrem.

Existem plantas dos mais diversos tamanhos, formas e cores. Algumas vivem na água, mas a maioria vive no ambiente terrestre.

▶ Bromélia.

▶ Cafeeiro.

▶ Flores e fruto de matacujá em desenvolvimento.

▶ Vitória-régia, planta aquática.

▶ Pinheiro-do-paraná, árvore típica da Mata de Araucárias.

▶ Roseira.

A maioria das plantas tem raiz, caule, folha, flor, fruto e semente.

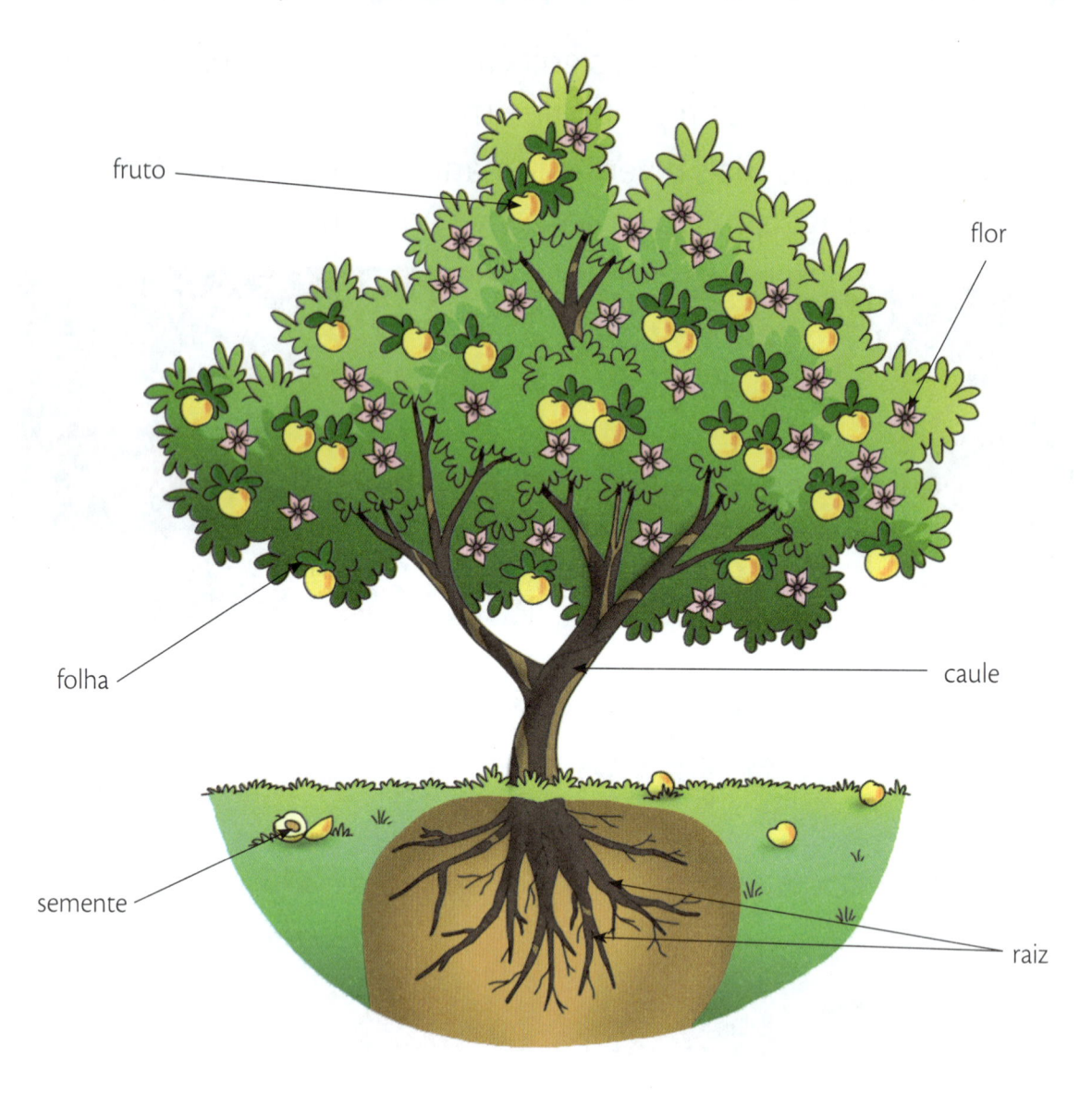

fruto

flor

folha

caule

semente

raiz

Brincar e aprender

1 Recorte as ilustrações das partes da planta que estão na página 159. Depois, coloque-as em ordem, formando uma planta, e cole-as em uma folha de papel.

2 Na colagem que você montou, não está aparecendo uma parte da planta. Qual é? Onde fica essa parte?

Baú de informações

Assim como existe uma grande variedade de plantas, também existem muitos tipos de flores. Elas podem ter cor, tamanho, formato e cheiro diferentes.

Muitas vezes, os pais colocam o nome de flor em suas filhas.

▶ Hortência.   ▶ Margarida.   ▶ Rosa.   ▶ Violeta.

1 Qual é sua flor favorita?

_____

2 Que outras flores você conhece?

_____

3 Que outros nomes de pessoas você conhece que também são nomes de flores?

_____

Para ir mais longe

Sites
- *Partes da árvore.* <www.smartkids.com.br/desenhos-para-colorir/ciencias/botanica-partes-arvore.html>. A página traz desenhos das partes de uma árvore para pintar.
- *Nomes de Flores.* <www.floresjardim.com/nomes-de-flores-0-72.htm>. O *site* traz o nome e a foto de 72 flores.

Atividades

1 Ligue o desenho de cada parte da planta ao seu nome.

a)

b)

c)

d)

e)

f)

caule

raiz

folha

flor

fruto

semente

2 Faça um passeio pela escola ou arredores e observe as plantas. Depois desenhe no caderno uma planta que você viu. Com a ajuda do professor, escreva o nome dela e onde a viu.

Como as plantas nascem e se desenvolvem?

No capítulo anterior, você estudou que alguns animais nascem de ovos e outros da barriga da fêmea. E as plantas, como será que elas nascem?

Algumas plantas nascem de **mudas**, outras nascem de **sementes**.

▶ Muda de violeta sendo plantada.

▶ Sementes de feijão sendo plantadas.

As plantas precisam de solo, ar, água e luz solar para viver.

O período de vida das plantas também varia. Existem árvores que vivem muitos anos e outras que vivem bem menos.

Observe nas ilustrações as diferentes fases de desenvolvimento de uma planta.

Na prática — Experimento

Objetivo

Observar como uma planta se desenvolve.

Material:

- uma garrafa PET;
- terra fofa;
- sementes de salsinha;
- água.

Como fazer

1. O professor cortará a garrafa PET ao meio no sentido da tampa até o fundo da garrafa.
2. Coloque a terra na garrafa e espalhe bem.
3. Coloque sementes de salsinha na terra e molhe um pouco, sem encharcar.
4. Deixe a garrafa em um local que receba a luz do Sol e molhe diariamente, sem encharcar.

1 Com base no resultado da atividade, troque ideias com os colegas e responda às questões.

a) As plantas se desenvolveram de mudas ou de sementes?

b) Que condições possibilitaram que elas se desenvolvessem?

Atividades

1 As imagens representam as fases de desenvolvimento de uma planta, porém estão fora de ordem. Numere-as na sequência correta.

2 Complete a frase.

◆ Para se desenvolver as plantas precisam de _____, _____, _____ e _____.

Para ir mais longe

Livros

▶ *A planta e o vento*, de Lygia Camargo Silva. São Paulo: Ática, 2010.

Aborda a importância do vento para dispersar as sementes.

▶ *Folia de feijão*, de Luís Camargo. São Paulo: Ática, 2007.
Mostra o crescimento de um grão de feijão.

Importância das plantas

As plantas são muito utilizadas pelas pessoas. Além de deixarem os lugares mais frescos e agradáveis, elas fornecem madeira para a construção de móveis e casas, bem como são usadas na alimentação de animais e das pessoas.

A parte **comestível** das plantas pode variar. De algumas plantas comemos as folhas (couve). De outras, comemos os frutos (laranja), a raiz (cenoura), as sementes (feijão), as flores (couve-flor) ou o caule (palmito).

Vocabulário

Comestível: que se pode comer ou que é próprio para a alimentação das pessoas.

▶ Menino comendo uma maçã.

▶ Vaca se alimentando de plantas. (1,5 m de comprimento)

▶ Madeira usada na construção de móveis.

▶ Lugar agradável com a presença de árvores.

Atividades

1) Pinte as plantas que utilizamos na alimentação de acordo com as legendas. Depois classifique-as de acordo com a parte comestível. Escreva o nome de cada planta.

vermelho: fruto	**amarelo**: semente
verde: folha	**marrom**: raiz

a) _____

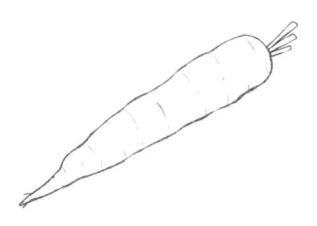

b) _____

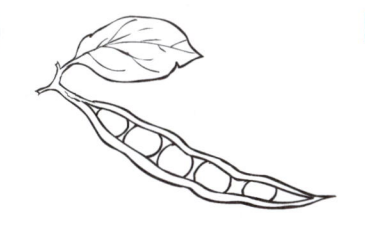

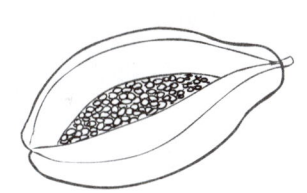

c) _____

d) _____

e) _____

f) _____

g) _____

h) _____

i) _____

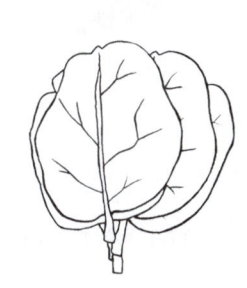

2 Complete o diagrama de palavras com exemplos de partes comestíveis das plantas.

a) Exemplo de alimento que é retirado do caule da planta.
b) Fruta muito utilizada para fazer suco.
c) Raiz comestível também conhecida como aipim ou macaxeira.
d) Semente usada na fabricação tanto de óleo quanto de leite.

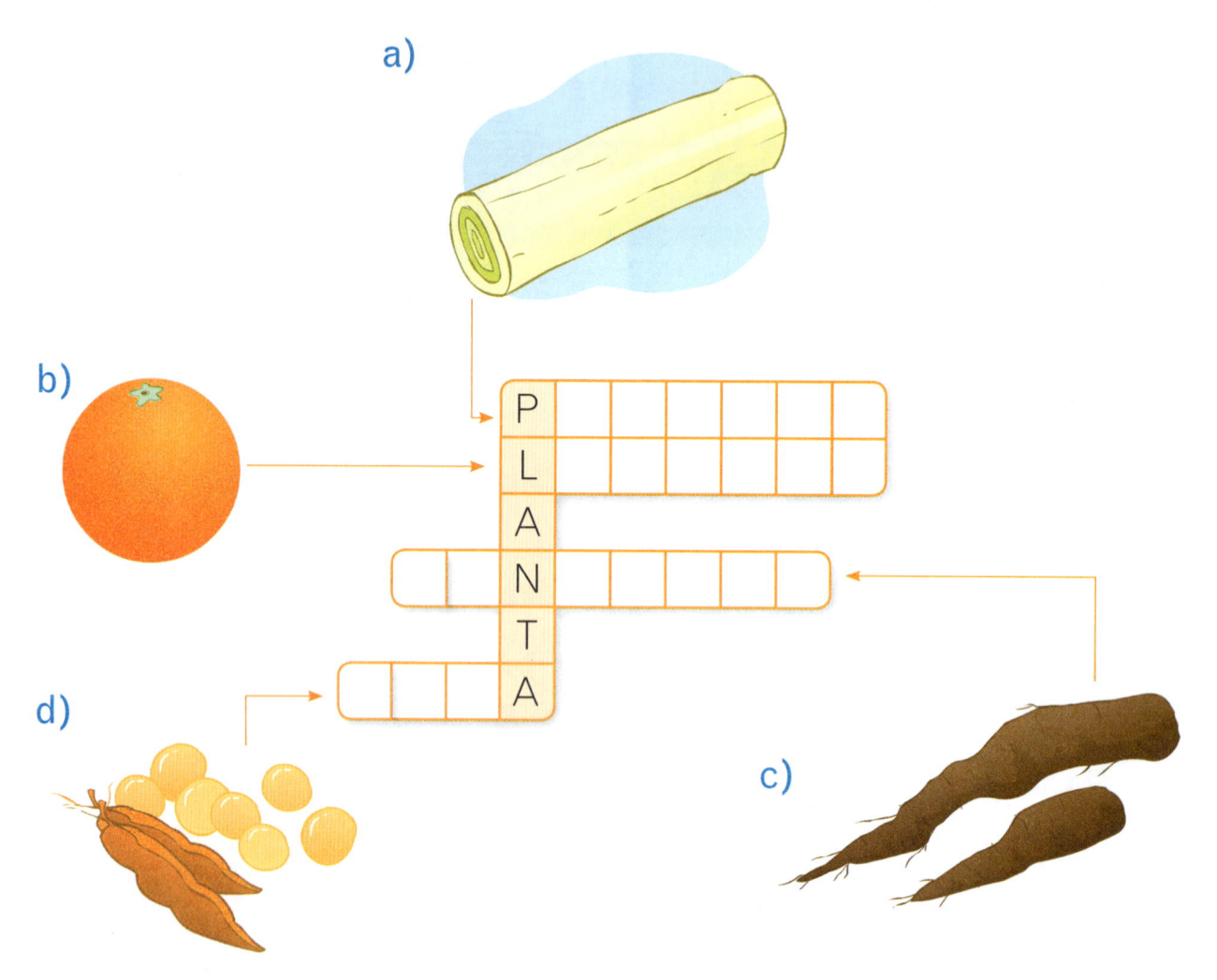

3 Assinale as alternativas corretas.

A madeira das árvores é utilizada para:
- ☐ fazer móveis;
- ☐ fazer toalhas;
- ☐ construção de casas;
- ☐ fazer canoas.

Brincar e aprender

1 Troque os símbolos por letras e descubra uma mensagem importante sobre alimentação.

Comer frutas, verduras e legumes faz bem para a saúde.

Preservando o verde

O ambiente terrestre era coberto por muita vegetação. Com o tempo, as árvores foram sendo derrubadas para exploração da madeira e para dar lugar a áreas de cultivo, pastagem e também para a construção de cidades.

Quando as árvores são cortadas, o solo fica sem proteção, e muitos animais sem abrigo e alimento.

▶ Ema em área desmatada para plantio de soja. Parque Nacional das Emas, Goiás, 2001.

1,7 m de comprimento

▶ Plantação de café em área desmatada da Mata Atlântica, Espírito Santo.

▶ Fumaça de queimada na Floresta Amazônica em Rondônia, 2006.

▶ Árvores derrubadas na Reserva Extrativista Chico Mendes, em Xapuri, Acre, 2008.

Baú de informações

Nosso planeta foi muito desmatado. Precisamos cuidar melhor da natureza para evitar que muitos tipos de plantas desapareçam.

Observe as imagens e converse com o professor e os colegas sobre a mensagem que elas transmitem.

Valores e vivências

A preservação das áreas verdes depende de cada um de nós. Portanto, não estrague os jardins nem quebre galhos de árvores. Reduza o consumo de papel, pois você já estudou que para ele ser fabricado é necessário derrubar árvores.

Para ir mais longe

Livro

▶ *Onde canta o sabiá*, de Regina Rennó. Belo Horizonte: Compor, 2010.

O livro mostra o deslocamento de pássaros para as cidades, após a destruição de seu hábitat. Trata de desmatamento, poluição e da importância de preservarmos as vegetações.

Atividades

1 Leia a história a seguir. Depois faça as atividades com a ajuda do professor.

TURMA DA MÔNICA

— POSSO IR AGORA?
— AGORA, PODE!

— FOI A ÚLTIMA VEZ QUE CORTEI UMA ÁRVORE!

FIM

a) A história em quadrinhos mostra algumas utilidades da árvore. Numere-as de acordo com a ordem em que aparecem na história.

- ◯ Fornece alimento.
- ◯ Dá sombra.
- ◯ Serve para fazer balanço.

b) Marque um **X** nas frases que indicam a lição que as crianças ensinaram ao lenhador.

- ◯ Podemos cortar as árvores.
- ◯ Não devemos cortar as árvores.
- ◯ As árvores não têm utilidade.
- ◯ As árvores são muito úteis.

c) O lenhador aprendeu a lição! Copie, nas linhas de caligrafia, a frase que ele disse.

Foi

Revendo o que você aprendeu

1 Escreva o nome das partes da planta indicadas a seguir.

2 Procure no diagrama as palavras destacadas nas frases.

As plantas fornecem ALIMENTO, SOMBRA, MADEIRA e PROTEGEM o solo. Também são usadas para fazer MEDICAMENTOS.

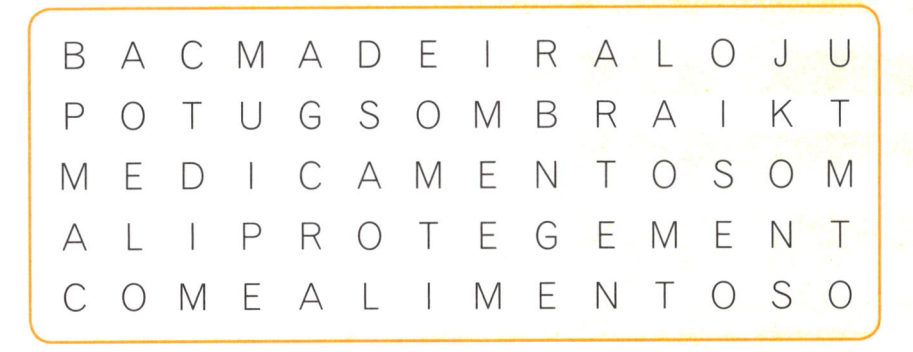

```
B A C M A D E I R A L O J U
P O T U G S O M B R A I K T
M E D I C A M E N T O S O M
A L I P R O T E G E M E N T
C O M E A L I M E N T O S O
```

3 Por que as pessoas cortam as árvores? Pinte os ⬜ com as respostas.

a) ⬜ Construir casas.

b) ⬜ Liberar áreas para plantar.

c) ⬜ Ter mais plantas.

d) ⬜ Ter mais áreas para criar animais.

4 O que pode acontecer quando as árvores são cortadas sem cuidado nem planejamento? Contorne as respostas corretas.

a) Animais ficam sem abrigo.

b) O solo fica desprotegido.

c) O lugar fica mais bonito.

d) As aves ficam mais felizes.

5 Observe a tira a seguir e depois conte oralmente a história.

ATIVIDADES PARA CASA

CAPÍTULO 1

1. PINTE O DESENHO E DEPOIS LIGUE CADA PARTE DO CORPO A SEU NOME.

- MEMBRO SUPERIOR
- CABEÇA
- TRONCO
- COTOVELO
- JOELHO
- MEMBRO INFERIOR

2. RECORTE DE REVISTAS E COLE NO ESPAÇO A SEGUIR UM EXEMPLO DE UM ÓRGÃO DOS SENTIDOS. DEPOIS ESCREVA O NOME DESSE ÓRGÃO E DO SENTIDO A ELE RELACIONADO.

ATIVIDADES PARA CASA

CAPÍTULO 2

1 PROCURE DUAS IMAGENS QUE MOSTREM HÁBITOS DE HIGIENE E COLE-AS EM UMA FOLHA À PARTE.

2 UMA DAS FORMAS DE TER SEGURANÇA É SABER O NOME DOS PAIS, O ENDEREÇO E UM OU MAIS TELEFONES DE CONTATO. COM A AJUDA DE UM RESPONSÁVEL POR VOCÊ, COMPLETE OS DADOS A SEGUIR.

- NOME DOS PAIS OU RESPONSÁVEIS:

  _____

  _____

- ENDEREÇO:

  _____

- TELEFONE PARA CONTATO:

  _____

3 PINTE OS EQUIPAMENTOS USADOS COMO SEGURANÇA PARA EVITAR ACIDENTES.

Capacete  | Escova de cabelo 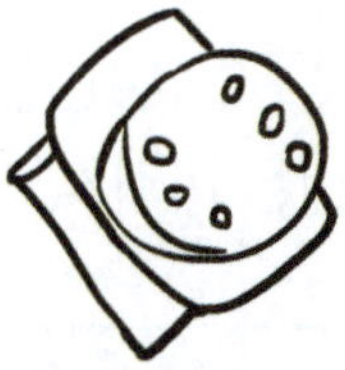 | Joelheira

Cinto de segurança  | Cotoveleira  | Copo

ATIVIDADES PARA CASA

CAPÍTULO 3

1 PINTE O ⬜ DE ACORDO COM SEUS HÁBITOS ALIMENTARES.

- EM QUE LUGAR VOCÊ GERALMENTE FAZ SUAS REFEIÇÕES?

2 EM CADA REFEIÇÃO DE NOSSO DIA COMEMOS ALIMENTOS DIFERENTES.

A) ESCOLHA UMA REFEIÇÃO.
- ⬜ CAFÉ DA MANHÃ
- ⬜ LANCHE DA MANHÃ
- ⬜ ALMOÇO
- ⬜ LANCHE DA TARDE
- ⬜ JANTAR

B) COPIE NO CADERNO E COMPLETE O QUADRO COM O NOME DE TODOS OS ALIMENTOS QUE VOCÊ GERALMENTE COME NA REFEIÇÃO ESCOLHIDA.

IDENTIFIQUE A ORIGEM DO ALIMENTO E SE É INDUSTRIALIZADO OU NÃO.

ALIMENTO	ORIGEM (ANIMAL OU VEGETAL)	INDUSTRIALIZADO (SIM OU NÃO)

Fotos: Fernando Favoretto/Criar Imagem

ATIVIDADES PARA CASA

CAPÍTULO 4

1 LIGUE A IMAGEM COM SUA LEGENDA.

▶ PLANETA ONDE VIVEMOS.   ▶ FORNECE LUZ E CALOR PARA A TERRA.   ▶ APARECE NO CÉU PRINCIPALMENTE À NOITE.

2 CIRCULE DE AMARELO O AMBIENTE AQUÁTICO E DE VERMELHO O AMBIENTE TERRESTRE.

A)

B)

C)

D)

3 PINTE AS AÇÕES CORRETAS COM RELAÇÃO AO LIXO.

QUEIMAR RECICLAR SEPARAR

REAPROVEITAR

4 RECORTE E COLE NO ESPAÇO ABAIXO IMAGENS DE REVISTAS QUE MOSTREM UMA ATITUDE CORRETA E UMA INCORRETA COM RELAÇÃO AO DESCARTE DE LIXO.

Atividades para casa

CAPÍTULO 5

1 No caderno, desenhe ou cole imagens que mostrem o uso da água no dia a dia das pessoas.

2 Observe seu comportamento e o de seus familiares ou responsáveis durante dois dias e anote as informações solicitadas.

a) Os banhos foram:
- ☐ rápidos.
- ☐ demorados.

b) Ao escovar os dentes, a torneira ficou:
- ☐ aberta.
- ☐ fechada.

c) Ao lavar a louça, a torneira ficou:
- ☐ aberta o tempo todo.
- ☐ fechada enquanto a louça era ensaboada.

d) Ao lavar as mãos, a torneira ficou:
- ☐ aberta o tempo todo.
- ☐ fechada enquanto as mãos eram ensaboadas.

e) Ao limpar a calçada, optou-se por:
- ☐ usar a vassoura.
- ☐ usar a mangueira.

f) Considerando os resultados, com relação ao uso da água, sua família:
- ☐ economiza.
- ☐ desperdiça.

3 Ligue cada explicação à ilustração correta.

a) O desmatamento prejudica o solo, aumentando a chance de erosão.

b) As queimadas empobrecem o solo.

c) O ar limpo e puro é importante para a saúde das pessoas.

d) Separar o lixo ajuda a evitar que ele prejudique o solo.

Atividades para casa

CAPÍTULO 6

1 Faça um desenho ou cole a imagem de três animais: o primeiro com o corpo coberto por pelos, o segundo por penas e o terceiro por escamas.

2 Pinte os retângulos da seguinte forma: de verde se o animal se alimentar somente de plantas, de vermelho se a alimentação for carne e de amarelo se ele se alimentar tanto de carne quanto de plantas.

| galinha | onça | zebra |

3 Complete as frases a seguir com os termos adequados à locomoção dos animais.

a) As aves _____. (nadam/voam)

b) Os cachorros e os gatos _____. (voam/andam)

c) As minhocas _____. (rastejam/nadam)

d) Os grilos _____. (saltam/nadam)

e) Os peixes e a baleia _____. (andam/nadam)

Atividades para casa

CAPÍTULO 7

1 Procure uma imagem de um animal que nasce da barriga da fêmea e de outro que nasce de ovo e cole-as no espaço a seguir.

2 Ligue o animal a uma de suas funções para as pessoas.

a)

alimentação

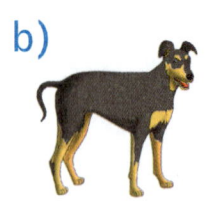

b)

transporte

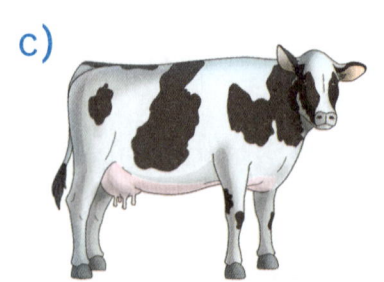

c)

segurança

Atividades para casa

CAPÍTULO 8

1 Na natureza existem muitas árvores de diferentes tamanhos e formas. Relacione cada árvore ao desenho de sua sombra.

a)

b)

c)

d)

e)

2 Observe uma planta em sua casa e desenhe-a no espaço a seguir. Depois, com a ajuda de seus pais ou responsáveis, escreva o nome dela e de suas partes. Lembre-se de não tocar em plantas que você não conhece, pois elas podem ser venenosas.

3 Observe as imagens a seguir e circule aquelas que mostram atitudes adequadas para preservar o meio ambiente.

Stock4B Creative/Getty Images

Noah Clayton/The Image Bank/Getty Images

Zing Images/The Image Bank/Getty Images

Inacio Teixeira/Pulsar Imagens

Encartes

PEÇAS PARA A ATIVIDADE DA PÁGINA 12.

| CABEÇA | BRAÇO |

| TRONCO | PERNA |

| BRAÇO | PERNA |

PEÇAS PARA A ATIVIDADE DA PÁGINA 46.

Álbum de animais

Ando e corro.	Rastejo.	Posso voar.
Cole aqui.	Cole aqui.	Cole aqui.
Tenho penas, mas não voo.	Tenho pelos e sou bem pequeno.	Tenho escamas.
Cole aqui.	Cole aqui.	Cole aqui.
Nasço de ovos.	Nasço da barriga da minha mãe.	Sou conhecido como melhor amigo das pessoas.
Cole aqui.	Cole aqui.	Cole aqui.

Peças para a atividade da página 115.

Peças para a atividade da página 124.